電子レンジで簡単！

季節を遊ぶ
ねりきり和菓子

鳥居満智栄

Nerikiri Wagashi

淡交社

生活を豊かにする和菓子

　洋菓子はレシピ本もたくさんあって手軽に作って楽しむ方もたくさんいらっしゃいますが、和菓子は「作ってみたいけれど、小豆を炊いてアンコを自分で作るのは時間もかかるし難しそう」「材料をどこで手に入れていいのかわからない」ということで、「和菓子は職人さんが作るもの」と思っていらっしゃる方も多いのではないでしょうか。

　でも実は、近くのお店で手に入れられる材料だけで、お家の電子レンジで思いついたらすぐに作れるお菓子なのです。この本は、気軽に粘土細工のように楽しめる、ねりきりという種類の和菓子作りの楽しさを伝えたくて生まれました。

　この本を手掛かりに、まずは染めたりかたちを作ったりすることから始めて、和菓子作りの楽しさを知り、日本で育まれた繊細な心、感性を感じて、

和菓子を好きになっていただけたらと願っています。そして、家の中だけでなくお気に入りの茶碗を持ち出して、ピクニック感覚で大切な人と屋外で自然を愛でながらお抹茶を点てて、手作りのお菓子でのおもてなしを楽しんでいただけたら最高です。

　ねりきり生地の作りかたにはいろいろな方法がありますが、いちばん簡単なぎゅうひをねり込む方法で生地を作り、伝統的で日本的なねりきりと、わたしが提案する楽しむための新しいねりきりを紹介しています。そしてここから、あなただけのねりきり遊びの世界を楽しんでいただけるとうれしく思います。

目次

電子レンジで簡単！
季節を遊ぶ ねりきり和菓子

生活を豊かにする和菓子 …2

| January | 待ちわび　春のきざしを願いつつ | …6 |
| 睦月 | 寿ぎ　紅白で年の初めを祝う | …8 |

| February | バレンタイン　思いを伝えて | …10 |
| 如月 | 梅と鶯　ひと足早い春を感じて | …12 |

| March | いちご　苺の香りで春気分 | …14 |
| 弥生 | 春そよぐ　春の野道で出会った花や蝶たち | …16 |

| April | 花畑　野原に咲ききそう | …18 |
| 卯月 | 桜三昧　いつでも待ち遠しい花 | …20 |

| May | マザーズ デー　ふわっと香るバラが驚き | …22 |
| 皐月 | 菖蒲　初夏ならではの凛とした風情 | …24 |

| June | ジャスミン　爽やかな味とかたち | …26 |
| 水無月 | 紫陽花　雨の季節の贈りもの | …28 |

| July | ハイビスカス　常夏の果物の味 | …30 |
| 文月 | 朝顔　朝一番で咲く涼やかさ | …32 |

和菓子を作りはじめる前に

- 和菓子は、あんを丸めたり包んだりと手をじかに使って作るお菓子です。道具類も含め、いつでも清潔に消毒をしながら作りましょう。
- 材料は、すべて作りやすい分量です。ぎゅうひは一度に使う量が少ないので、多めに作って冷凍保存をしておくことをお勧めしています。

August	スイカ	夏の思い出は甘酸っぱく	…34
葉月	水輪	冷たさとさっぱり感を表現	…36
September	なでしこ	風にそよぐ、秋の花	…38
長月	重陽の節句	長寿を願う菊をかたちに	…40
October	ハローウィン	みんなを呼んで	…42
神無月	紅葉	燃えるような紅葉の彩を写して	…44
November	コスモス	季節の移ろいを感じて	…46
霜月	白椿と姫椿	愛らしい冬の花	…48
December	クリスマス	聖夜の静けさホワイトリース	…50
師走	寒牡丹	冬の寒さに負けない鮮やかさ	…52

ねりきり和菓子の基本	…54
材料と道具	…58
かわいいお気に入りの和小物	…60
笑顔が見たくて	…62

撮影/福田栄美子　　スタイリング/鳥居満智栄　　デザイン/goodman inc.　佐々木まなび・國府佳奈

- 大さじ＝15cc、小さじ＝5ccです。
- レシピにある電子レンジの加熱時間は、600Wの場合の時間の目安です。
  電子レンジは個々に差がありますので、あんや生地の様子をみながら時間は調整してください。
  木べらなどでこまめにしっかり混ぜながらあんや生地を均一に調理してください。
- 作りかたの横にある 🔴🔴🔴 は、包餡したあとにととのえるかたちです。

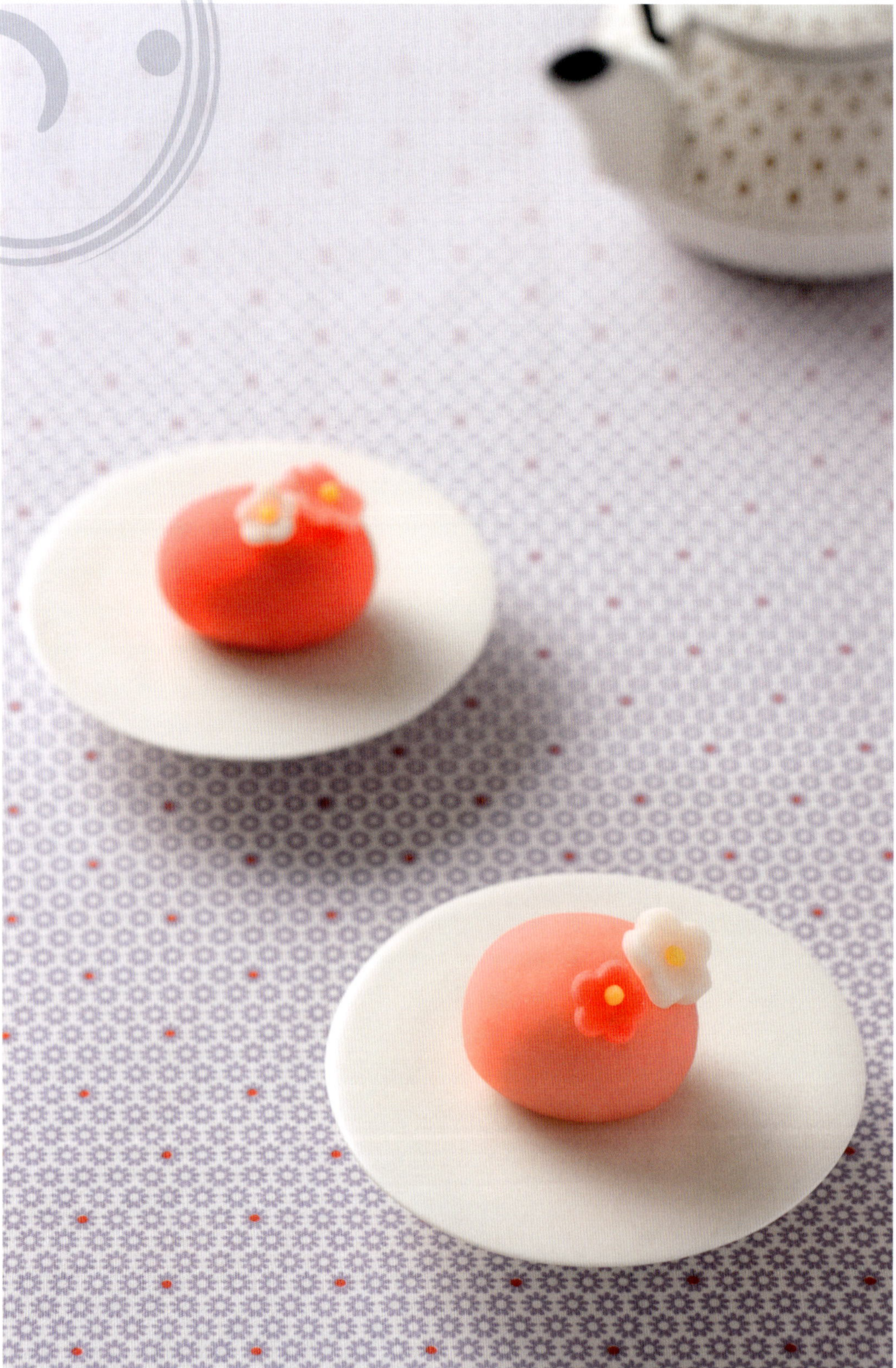

待ちわび

春のきざしを願いつつ

材料（6コ分）

ねりきり生地（約160g）
白あん　　　…150g
ぎゅうひ　　…10g
水飴　　　　…3g
色粉（赤・黄）…各少々

中あん
白あん　　　…60g
かりかり梅　…1コ

準備

◆ ねりきり生地を作る（55頁参照）。

◆ 中あん（白あん）は、電子レンジで加熱（約40秒）しよく混ぜて水分調節し冷ます。ここに細かく刻んだかりかり梅を混ぜて6等分して丸めておく。

◆ 色粉はそれぞれ少量の水で溶かしておく。

作りかた

❶ ねりきり生地より1gを取りわけ、溶いた色粉（黄）で黄色に染め、12コに丸めてしべを作る。さらに10gを取りわけ、好きな色に染めて薄く伸して大きい花形を6枚、小さい花形を6枚、型抜きで抜く A 。

❷ 残りのねりきり生地を少量の水で溶いた色粉（赤）でピンクに染める。この生地を半分にわけ、片方をそのまま3等分して丸める。残りはさらに色粉（赤）で色を濃くした上で3等分して丸めておく。

❸ 丸めたねりきり生地で中あんを包餡し、俵形にととのえる。

❹ 型抜きした花2枚を飾り、真ん中を楊枝の背でへこませ、黄色いしべをつける。

A
伸して型抜きで花の形をぬく

*かりかり梅はおつまみ用のカリッとした小梅のことです。
*色染めは56頁参照。水溶きした赤の色粉をもみ込んで好みの色に染めていきます。
*花形の型抜きは、径2cmと1.5cmのものを使用しています。
*型抜きした小花・しべがつきにくい時には、水飴を使ってつけるとよいでしょう。

睦月
Mutsuki

寿ぎ

紅白で年の初めを祝う

材料 （6コ分）

ねりきり生地(約160g)
白あん ……150g
ぎゅうひ ……10g
水飴 ……3g
色粉(赤) ……少々

中あん
こしあん ……120g

準　備

◆ ねりきり生地を作る(55頁参照)。

◆ 中あん（こしあん)は、電子レンジで加熱（約1分30秒）しよく混ぜて水分調節し冷まし、6等分して俵形に丸めておく。

◆ 色粉は少量の水で溶かしておく。

作りかた

❶ ねりきり生地の半分を溶いた色粉（赤）で赤色に染めて6等分し、8cmくらいの棒状にする。残り半分は染めずに白いまま6等分し、同じように棒状にまとめておく。

❷ 赤と白の生地をひとつずつ横に並べて A 、ラップの間にはさみ、麺棒でタテ10cm×ヨコ5cmに生地がとれるよう長細く伸す B 。

❸ 周りをカットしてタテ10cm×ヨコ5cmの短冊形にととのえる。

❹ 定規の背で、タテに線模様をつける C 。

❺ 短冊の線模様をつけていない側を上にして中あんをのせ、折りかえすようにくるむ。

A
ラップの上に赤と白の生地を横に並べる

B
ラップにはさんだ上から麺棒で伸す

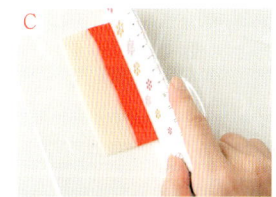

C
定規で3mmくらいの間隔で筋をつける

＊色染めは56頁参照。濃い赤に染めるために何度も水溶きした赤の色粉をもみ込んでいきます。
＊赤と白のさかい目がまっすぐになるように、麺棒でていねいに伸すのがポイントです。
＊筋をつける定規は、15〜20cmくらいのものが使いやすいですよ。

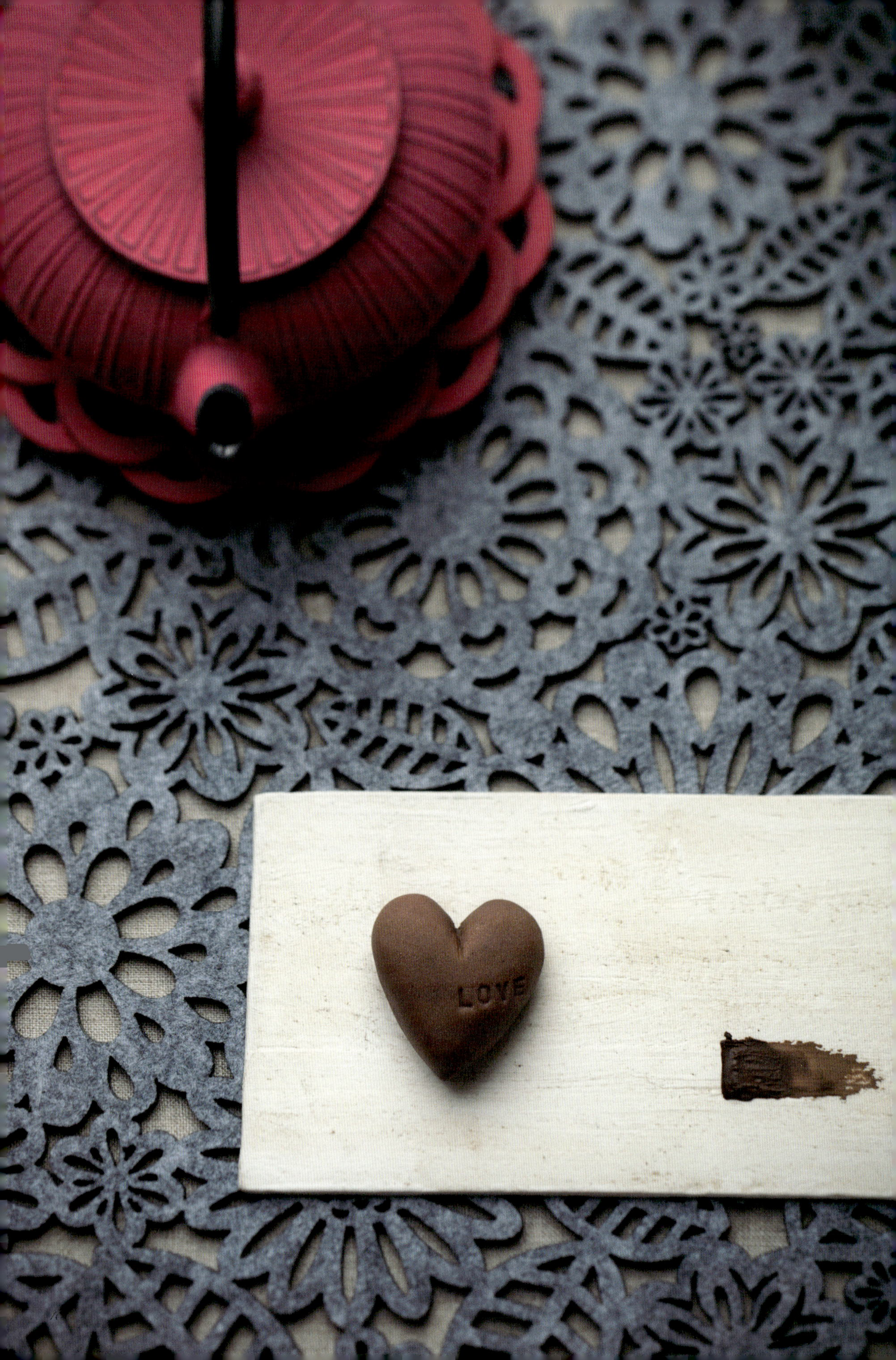
LOVE

バレンタイン

思いを伝えて

February

材料 （6コ分）

ねりきり生地（約160g）
白あん　　　…150g
ぎゅうひ　　…10g
水飴　　　　…3g
ココア　　　…大さじ1

中あん
白あん　　　…60g
チョコ　　　…6g

準　備

◆ ねりきり生地を作る（55頁参照）。

◆ 中あん（白あん）は、電子レンジで加熱（約40秒）しよく混ぜて水分調節し冷ます。ここに刻んだチョコを入れ混ぜ、6等分して丸めておく。

◆ ココアを数滴の湯でよく溶いておく。

作りかた

❶ ねりきり生地に溶いたココアを入れて染め、6等分して中あんを包餡し、三角形にする A 。

❷ ぬれ布巾をかぶせ、一辺にへらかナイフの背でハートの谷間の筋を入れ B 、指でととのえる C 。

❸ ゴム印を押す D 。

A 三角形にととのえる

B へらを使って谷間を作る

C 指を使ってなだらかにととのえる

D ゴム印を押す

* 中あんに入れるチョコはお好みのものを。私は、ビターチョコを使うことが多いです。
* 文字のゴム印は、文具店、もしくは製菓販売店で購入できます。自分の好きな文字列を入れてみてください。

如月
Kisaragi

梅と鶯

ひと足早い春を感じて

材料 （梅2種と鶯、各2コ）

ねりきり生地（約160g）		抹茶	…少々
白あん	…150g	黒ごま	…4粒
ぎゅうひ	…10g	**中あん**	
水飴	…3g	こしあん	…60g
色粉(赤・黄)	…各少々		

準　備

◇ ねりきり生地を作る(55頁参照)。

◇ ねりきり生地を3等分する。2つは梅2種用、1つは鶯用とする。

◇ 中あん(こしあん)は、電子レンジで加熱(約40秒)しよく混ぜて水分調節し冷まし、6等分して丸めておく。

◇ 色粉はそれぞれ少量の水で溶き、抹茶は少量の湯で溶かしておく。

作りかた

梅2種

❶ 3等分した生地2つ分から8gを取りわけ、溶いた色粉(黄)で黄色に染めて茶こしでこし、しべを作る(47頁A参照)。

❷ 残りの生地は溶いた色粉(赤)で赤色に染めて4等分して包餡する。

❸ 2つは丸形にしてへらを5か所に入れ、開いた筋に指を入れて花のかたちにととのえる(31頁B参照)。ぬれ布巾をかぶせ真ん中を菜箸などで押し、へこみを作ってしべを竹串でのせる。

❹ 残りの2つは上下を指で押さえ小指で5か所へこませ、花びらのかたちにととのえるA。真ん中を小指でへこませ(33頁A参照)、しべを飾る。

鶯

❶ ねりきり生地に溶いた抹茶を混ぜ込んで鶯色に染め、2等分して包餡し、俵形にする。

❷ ぬれ布巾で包み、尾となる部分を3本の指(親指・人さし指・中指)で顔の部分を反対の手の2本の指(親指・人さし指)で少し押さえて表情を作るB。目の部分に黒ごまをつける。

A

小指でへこませる

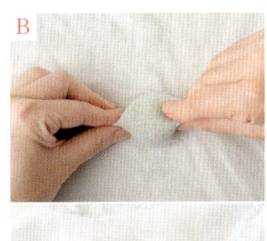

B

鶯は生地をぬれ布巾で包み、両手の指を使って押さえ、顔と尾のかたちをととのえる

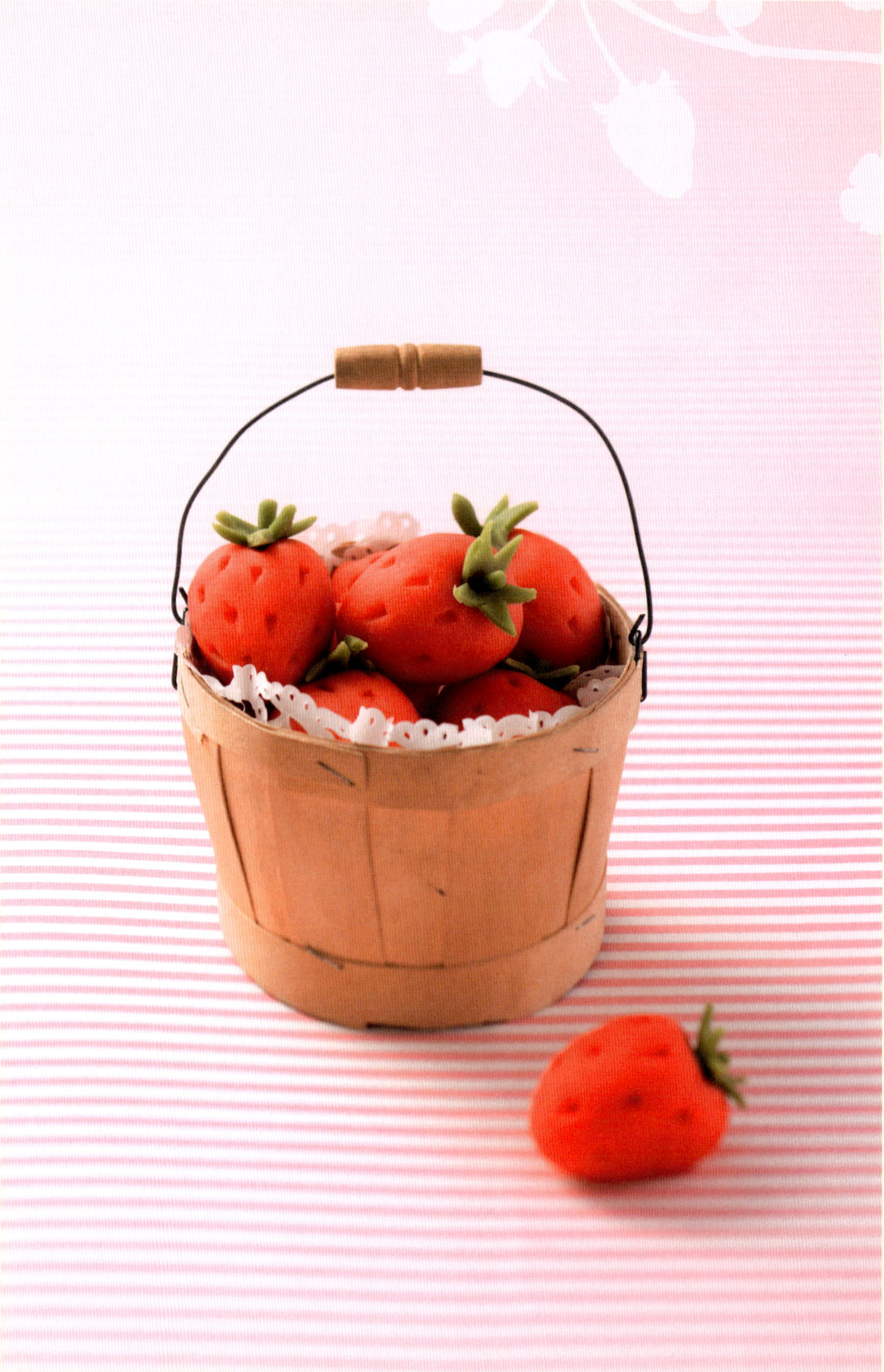

いちご

苺の香りで春気分

材料 （6コ分）

ねりきり生地（約160g）		中あん	
白あん	…150g	白あん	…60g
ぎゅうひ	…10g	ストロベリーパウダー	…小さじ2
水飴	…3g		
色粉(赤)	…少々		
抹茶	…少々		

準備

◇ ねりきり生地を作る(55頁参照)。

◇ 中あん(白あん)は、電子レンジで加熱(約30秒)しよく混ぜて水分調節する。ここにストロベリーパウダーを混ぜて6等分して丸めておく。

◇ 色粉は少量の水で溶き、抹茶は少量の湯で溶かしておく。

作りかた

❶ ねりきり生地からヘタ用に15gを取りわけ、溶いた抹茶で緑色に染める。生地を伸して(9頁B参照)、ナイフでヘタのかたちに切って6枚作る A。

❷ 残りの生地を溶いた色粉(赤)で真っ赤に染めて、6等分して丸めて、中あんを包餡する。

❸ ②をいちご形にし B、ぬれ布巾をかぶせてヘタの部分を菜箸でへこませる。

❹ いちごの種を竹串で押して表現する C。

❺ ヘタを菜箸で軽く押さえてつける。

A

緑色に染めた生地を伸し、ヘタのかたちに切る

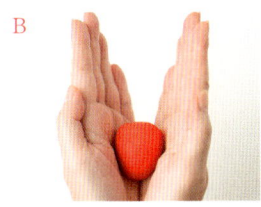

B

いちご形にととのえる

C

いちごの種は竹串で押さえて

弥生
Yayoi

春そよぐ

春の野道で出会った花や蝶たち

材料 （茶巾しぼりの花3コ・蝶3コ）

ねりきり生地（約160g）
白あん　　　　　…150g
ぎゅうひ　　　　…10g
水飴　　　　　　…3g
色粉(青・赤・紫・黄)…各少々
抹茶　　　　　　…少々
ココア　　　　　…少々

中あん
白あん　　…30g(茶巾しぼりの花用)
チェリーのシロップ漬　…3コ
こしあん　…30g(蝶用)

準　備

◇ ねりきり生地を作る(55頁参照)。

◇ シロップ漬のチェリーはキッチンペーパーなどに包み、水分を取っておく。

◇ 中あん（白あん）は、電子レンジで加熱（約20秒）しよく混ぜて水分調節し冷まし、チェリーを1つずつ包んで3コに丸めておく。

◇ 中あん（こしあん）は、キッチンペーパーに包み水分調節し、涙形に3コに丸めておく。

◇ 色粉はそれぞれ少量の水で溶き、抹茶は少量の湯で溶かしておく。

作りかた

ねりきり生地を半分にわける。

茶巾絞りの花 ●

❶ 半分量のねりきり生地をさらに6等分し、そのうち5つを4色の少量の水で溶いた色粉（青・赤・紫・黄）で、ひとつを抹茶でうすく染めておく。ひとつは白い生地のままで使う。

❷ 6色になった生地を涙形に各色3コずつに丸めておく。

❸ 好きな色の涙形を手のひらに6コのせ A 、平らに押してその中心にチェリーを包んだ中あんを置いて包餡し、ぬれ布巾で包んで茶巾絞りにする。

A
涙形のねりきり生地を6コなじませて包餡する

蝶

❶ 残り半分量のねりきり生地を色粉（黄）で黄色に染める。

❷ ラップの間に挟み麺棒で3mmの厚さに伸す(9頁 B 参照)。

❸ 直径7cmの丸型で3枚抜く。

❹ 中あん（こしあん）をのせて1/4にたたみ、最後に菜箸の頭（天）にココアをつけて蝶の羽の部分の模様を押してつける B 。

B
四つ折にした生地の上面にココアをつけた菜箸で模様をつける

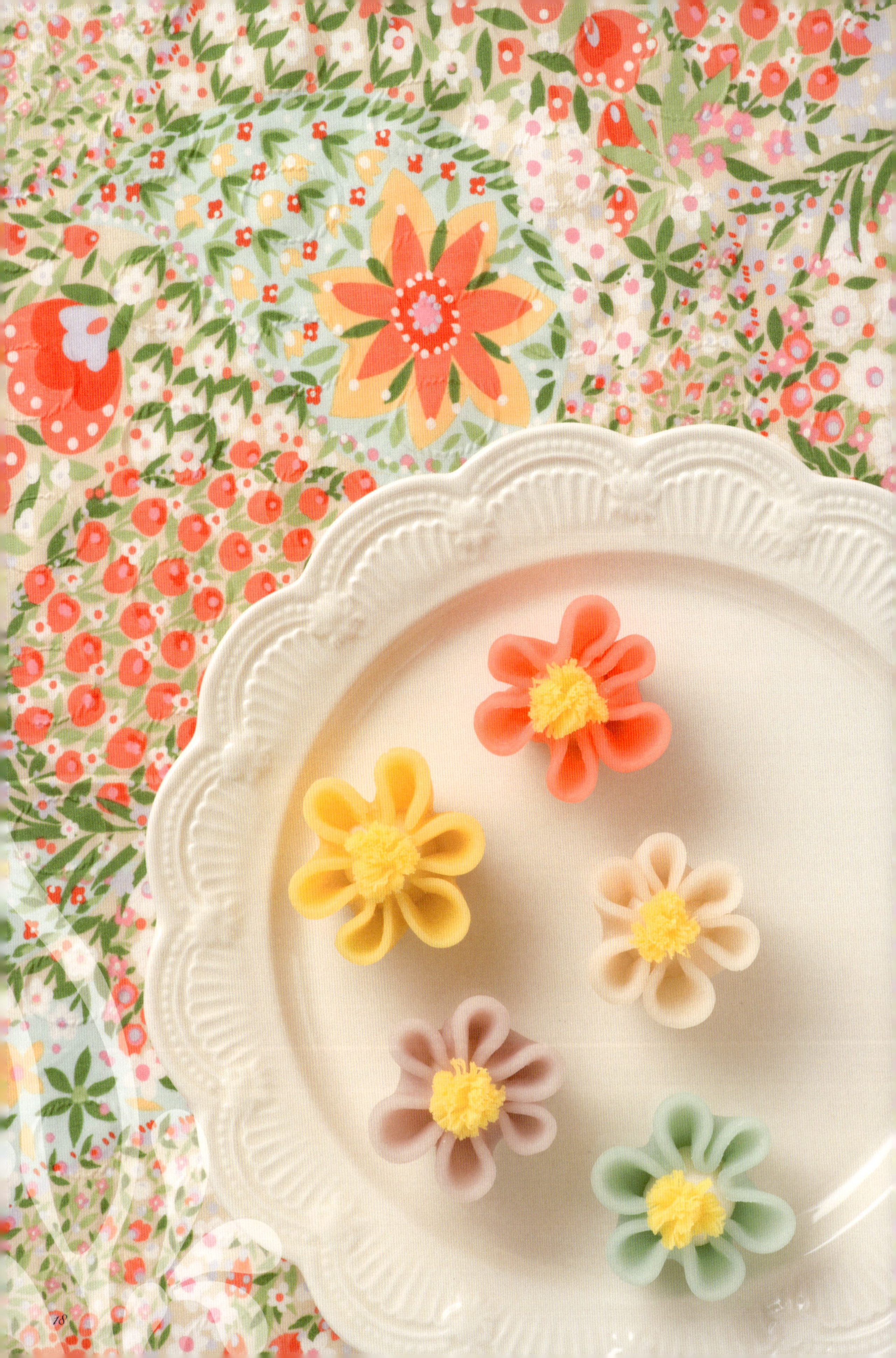

花畑

野原に咲きそう

材料 （5コ分）

ねりきり生地（約160g）
白あん	…150g
ぎゅうひ	…10g
水飴	…3g
色粉(赤・青・黄・紫)	…各少々

中あん
白あん	…50g
苺ジャム	…少々
ブルーベリージャム	…少々
ラズベリージャム	…少々

準 備

◇ ねりきり生地を作る(55頁参照)。

◇ 中あん(白あん)は、電子レンジで加熱(約30秒)しよく混ぜて水分調節し、5等分して丸めておく。

◇ 色粉はそれぞれ少量の水で溶かしておく。

作りかた

❶ 中あんに菜箸などで穴を開け、そこに好みのジャムを入れるA。

❷ ねりきり生地を15g取りわけ、溶いた色粉(黄)で黄色に染めて茶こしでこし、しべを作る(47頁A参照)。

❸ 残りの生地を5等分して、溶いた色粉(赤・青・黄・紫)で好みの色に染め、染めていない生地もそれぞれ麺棒で伸し、直径8cmの丸型で抜く。

❹ 中心に中あんをのせる。菜箸を使いながらひだを5～6枚作ってととのえるB。

❺ 中あんの上に黄色のしべをそっと置く。

A
中あんに菜箸で穴をあけてジャムをのせる

B
指と菜箸を使って5～6枚のひだにととのえる

*黄色い蝶は、黄色に染めたねりきり生地を蝶型で抜いたものです。

卯月
Uzuki

桜三昧

いつでも待ち遠しい花

材料 （6コ分）

ねりきり生地（約160g）
白あん　　　　…150g
ぎゅうひ　　　…10g
水飴　　　　　…3g
色粉（赤・黄）…各少々

中あん
白あん　　　　…60g
桜の花の塩漬け…1つ

準　備

- ねりきり生地を作る（55頁参照）。
- 中あん（白あん）は、電子レンジで加熱（約40秒）しよく混ぜて水分調節し冷ます。ここに塩抜きして細かく刻んだ桜の花の塩漬けを混ぜ、6等分して丸めておく。
- 色粉はそれぞれ少量の水で溶かしておく。

作りかた

1. ねりきり生地から5g取りわけて、ひとひら用に白い生地を2つに丸めておく。さらに5gを色粉（黄）で黄色に染めて茶こしでこし、しべを作る（47頁A参照）。
2. 残りの生地を色粉（赤）で好みのピンクに染めて6等分して丸め、それぞれ包餡する。

爛漫（2コ・上）

1. 包餡した生地を平らにし、ゴムべらで等分に5か所に筋を入れ、筋の間の表面に人差し指を滑らせ花びらを作り A 、さらに花びらの間にへらで筋を入れて桜の花びらを表現する。
2. ぬれ布巾をかぶせて真ん中を菜箸でへこませ、黄色く染めたしべをのせる。

A

指押しして、花びらを表現する

ひとひら（2コ・中）

1. 包餡した生地の端に取りわけておいた白い生地1つをつけ、指でなじませ B 俵形にし、親指と人さし指でつまむ。
2. 反対側の端に切り目を入れ、指で花びらのようにととのえる。
3. つまんだ方に楊枝の背でしべを表現する。

B

色の違う生地を合わせて、指でなじませてつけぼかしをする

桜（2コ・下）

1. コーヒーのマドラーなどを桜の花びら形に切って型を作り C （原寸大）、包餡した生地に押しあて、桜の模様をつける D 。

C ＊桜を成型するへらは、コーヒーのマドラーなどの木片をカッターで切り、紙やすりをかけてととのえて準備します。

2. ぬれ布巾をかぶせて真ん中を菜箸でへこませ、しべをつける。

D

花びら形にしたへらを押しあてて模様をつける

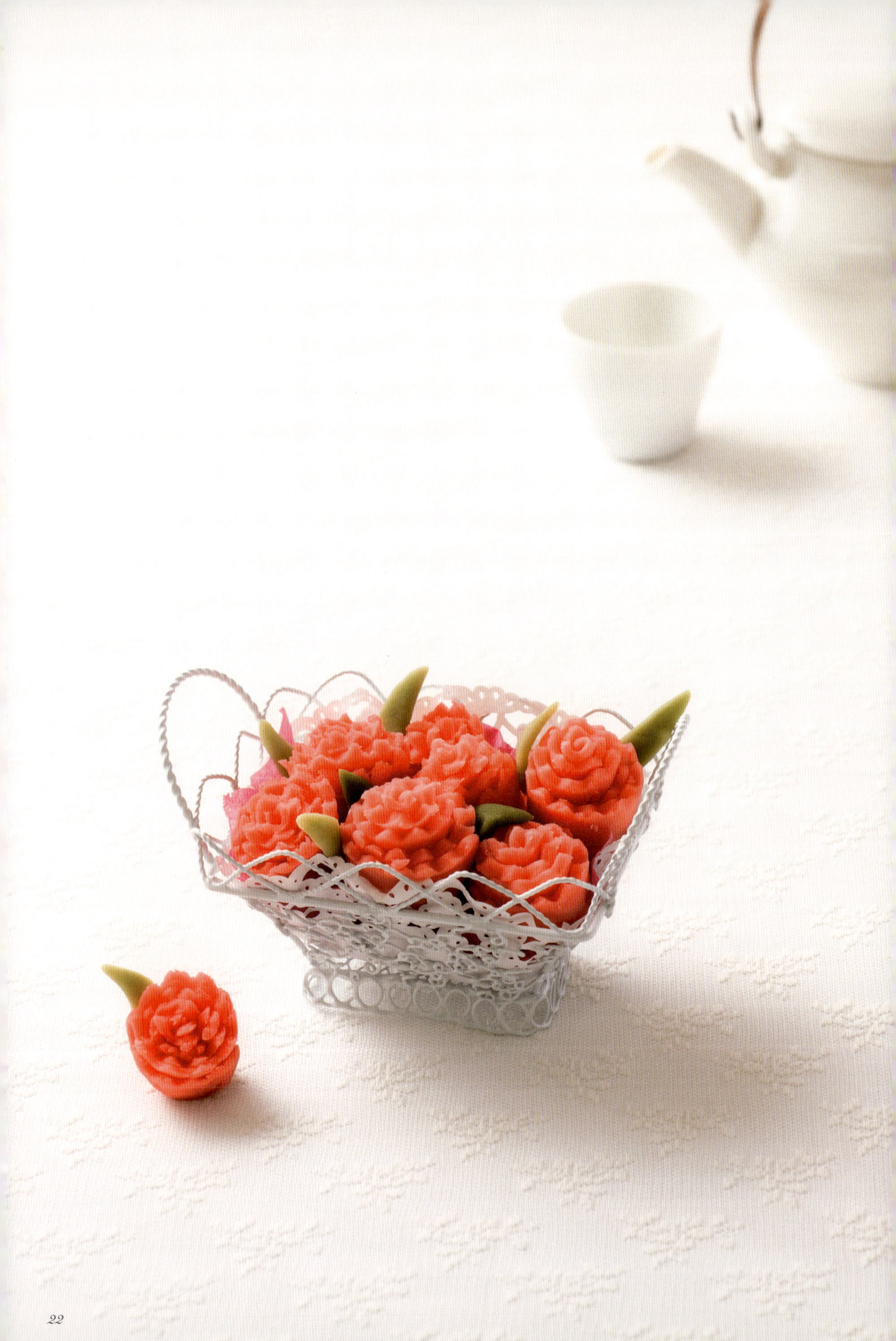

マザーズデー

ふわっと香るバラが驚き

材料（6コ分）

ねりきり生地（約160g）
- 白あん　　…150g
- ぎゅうひ　…10g
- 水飴　　　…3g
- ローズシロップ　…小さじ½（2.5cc）
- 色粉（赤）　…少々
- 抹茶　　　…少々

準　備

◇ ねりきり生地を作る（55頁参照）。

◇ 色粉は少量の水で、抹茶は少量の湯で溶かしておく。

作りかた

❶ ねりきり生地から葉っぱ用に5g取りわけ、湯で溶いた抹茶で染めて6コの俵形を作り、指でつまんで押さえて平らにしてかたちをととのえる A 。

❷ 残りの生地にローズシロップを混ぜ入れ、溶いた色粉で赤色に染めて、棒状にしてからラップにはさんで2mmの厚さに伸し B 、3cm幅のリボン状にする。

❸ ②のリボンの端をスクレーパーでギザギザに切り C 、端から巻いて花型を作る D 。

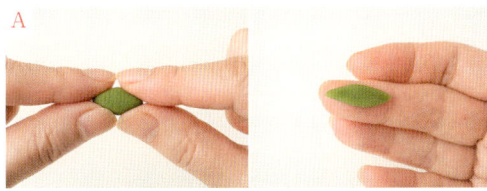

葉は、俵形の両端を人差し指と親指でつまんでから押さえてかたちをととのえる

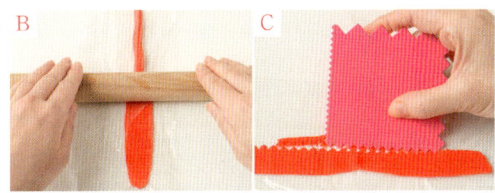

ラップにはさんで伸し、スクレーパーで片方をギザギザにする

花のかたちに巻く

*スクレーパーは、ケーキを作る際にクリームに模様をつける道具です。
*花型は、途中で切れてもそのまま巻いていけば問題ありません。かわいらしい大きさになったらそこで切ってしまいましょう。

皐月
Satsuki

菖蒲

初夏ならではの凛とした風情

材料 （6コ分）

ねりきり生地（約160g）
白あん　　　…150g
ぎゅうひ　　…10g
水飴　　　　…3g
紫芋フレーク…約15g
人肌温の湯　…40cc
色粉（黄）　…少々

中あん（黄身餡）
白あん　　　…75g
ゆで卵　…黄身1コ分

準　備

◇ ねりきり生地を作る（55頁参照）。

◇ 中あん（白あん）は、電子レンジで加熱（約40秒）しよく混ぜて水分調節する。ここに裏ごししたゆで卵の黄身を入れてよく混ぜ、6等分し丸めておく。

◇ 紫芋フレークに分量の湯を入れてしばらく置いてふやかし、裏ごししておく。

作りかた

❶ ねりきり生地から30g取りわけ、溶いた色粉（黄）で黄色に染める。18gを別にわけて18本（長さ約4cm）の紐を作る。残り12gはそのまま6コに丸めておく。

❷ 残りのねりきり生地に裏ごししておいた紫芋フレークをねり込み、6等分して中あんを包餡する。

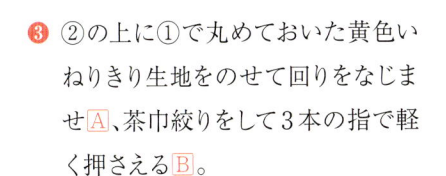

❸ ②の上に①で丸めておいた黄色いねりきり生地をのせて回りをなじませ A 、茶巾絞りをして3本の指で軽く押さえる B 。

❹ ③の回りに3本ずつ黄色い紐をつけて、軽く押さえ、かたちをととのえる。

A　上に重ねてなじませる

B　指を3本使って茶巾でととのえる

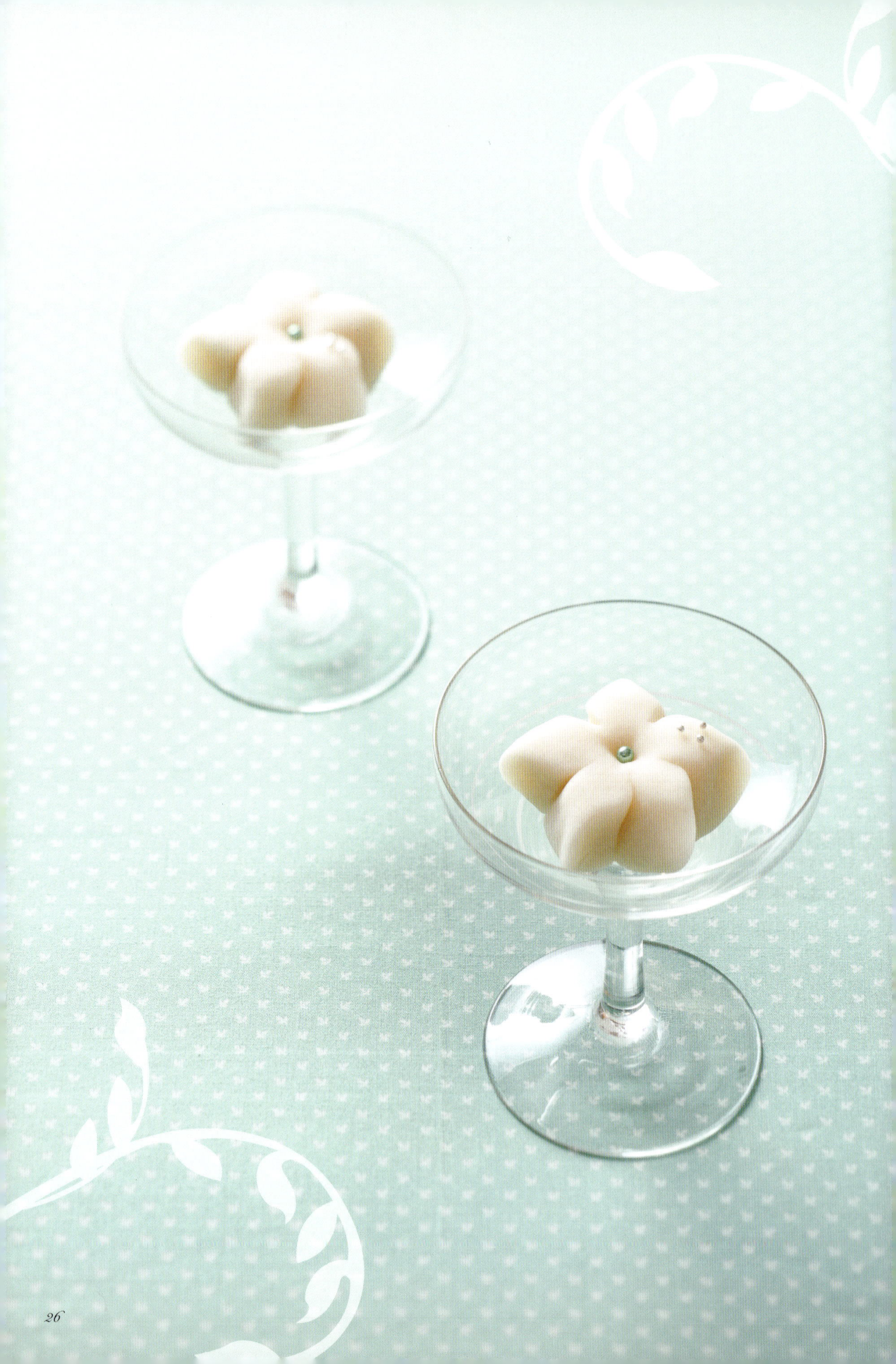

ジャスミン

爽やかな味とかたち

VI
June

材料　(6コ分)

ねりきり生地（約160g）
白あん　　　…150g
ぎゅうひ　　…10g
水飴　　　　…3g
アラザン　…青2mm 6コ
　　　　　　銀1mm少々

中あん
白あん　　　　　　　　…60g
グレープフルーツジャム　…小さじ1

グレープフルーツジャム

準　備

◇ ねりきり生地を作る(55頁参照)。

◇ 中あん(白あん)は、電子レンジで加熱(約50秒)しよく混ぜて水分調節し冷ます。ここにグレープフルーツジャムをねり込み、6等分して丸めておく。

作りかた

❶ ねりきり生地を6等分して丸め、包餡する。

❷ ゴムべらで斜めに筋を入れ A 、少し押さえてへらで筋を広げ、指で花びらのかたちをととのえる B 。

❸ ぬれ布巾をかぶせ、中心を菜箸などでそっと押す。

❹ ここに大粒のアラザンをのせ、花びらに小粒のアラザンをあしらう。

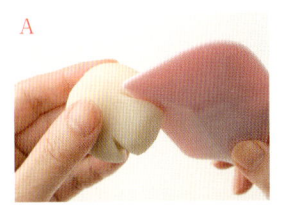

A
斜めにへらを入れる

B
指でつまんで花びらをととのえる

27

| 水無月
Minazuki

紫陽花

雨の季節の贈りもの

材料 （6コ分）

ねりきり生地（約160g）
白あん　　　　…150g
ぎゅうひ　　　…10g
水飴　　　　　…3g
色粉（黄・紫）…各少々

中あん
こしあん　…60g

準備

◆ ねりきり生地を作る（55頁参照）。

◆ 中あん（こしあん）は、電子レンジで加熱（約40秒）しよく混ぜて水分調節し、6等分して丸めておく。

◆ 色粉はそれぞれ少量の水で溶かしておく。

作りかた

❶ ねりきり生地からしべ用に3g取りわけ、溶いた色粉（黄）で黄色に染め、6コに丸めてしべを作る。

❷ 残りの生地から60g取りわけ、白いまま6等分して丸めておく。

❸ 残った生地を溶いた色粉（紫）で紫色に染め、6等分して丸めておく。

❹ ③の生地（紫）に②の生地（白）をのせ A 、少しずつ平らにし軽く叩き合わせる B 。白い生地を上にして中あんを包餡する。

❺ 丸めた後、少し上下を押さえて側面にゴムべらで4か所に筋を入れ、指でととのえて花形にする C 。

❻ ぬれ布巾をかぶせ、菜箸の先でへこみを作り、そこにしべをのせる。

A
二色（紫と白）の生地を重ねる

B
叩き合わせる

C
花形にととのえる

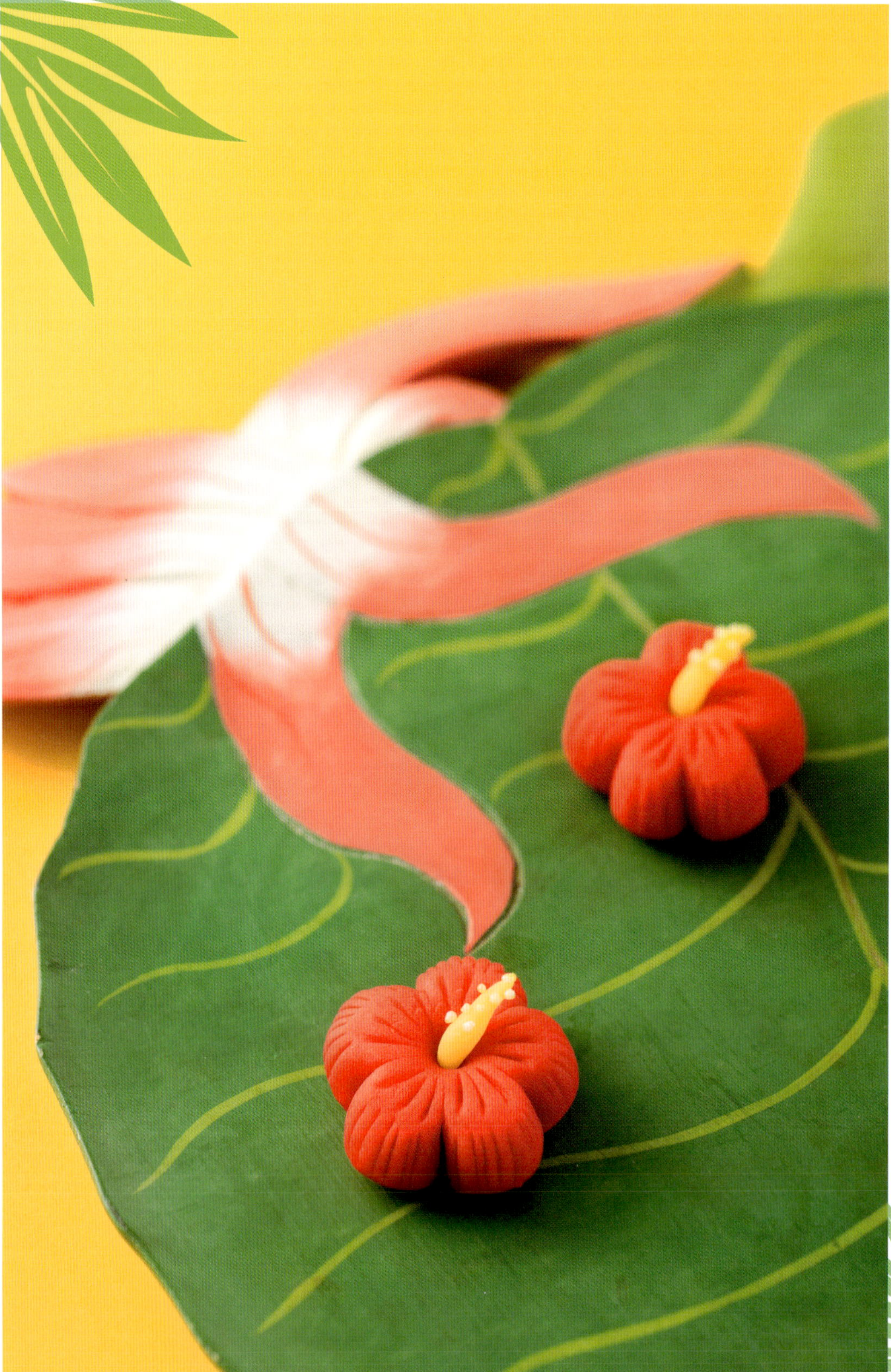

ハイビスカス

常夏の果物の味

VII July

材料 （6コ分）

ねりきり生地（約160g）
白あん　　　…150g
ぎゅうひ　　…10g
水飴　　　　…3g
色粉(赤・黄)　…各少々
しんびきこ(黄色)　…少々

中あん
白あん　　　…60g
マンゴパウダー　…小さじ2

マンゴパウダー

準 備

◆ ねりきり生地を作る(55頁参照)。

◆ 中あん(白あん)は、電子レンジで加熱(約30秒)しよく混ぜて水分調節し、マンゴパウダーを入れて混ぜ込み、6等分して丸めておく。

◆ 色粉はそれぞれ少量の水で溶いておく。

作りかた

❶ ねりきり生地から10gを取りわけ、溶いた色粉で黄色に染めて、6本の紐状のしべを作り、しんびきこをつける A。

❷ 残りの生地を溶いた色粉で赤に染め、6等分して包餡する。

❸ ゴムべらで5か所切り込みを入れ B 指で押し、線を広げて C 人差し指と親指で花形にととのえる(11頁C参照)。

❹ 花びらと側面に、へらで細かい筋をつけてゆく D。

❺ ぬれ布巾をかぶせ菜箸などで中心をへこませ、①のしべをつける。

A しべに粒状のしんびきこをつける

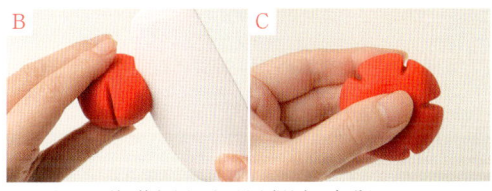

B C ゴムべらで5か所に筋を入れ、上下から押さえて広げる

D へらで細かい線をつける

文月
Fumizuki

朝顔

朝一番で咲く涼やかさ

材料（6コ分）

ねりきり生地（約160g）
- 白あん　　　　…150g
- ぎゅうひ　　　…10g
- 水飴　　　　　…3g
- 色粉(赤・青)　…各少々
- 抹茶　　　　　…少々

中あん
- こしあん　…60g

準　備

- ねりきり生地を作る(55頁参照)。
- 中あん(こしあん)は、電子レンジで加熱(約40秒)しよく混ぜて水分調節し、6等分して丸めておく。
- 色粉はそれぞれ少量の水で、抹茶は少量の湯で溶かしておく。

作りかた

1. ねりきり生地から10g取りわけ、溶いた抹茶で緑色に染める。蔓用に紐状に6本ととのえ、残りを平らに伸して葉型で抜き、6枚の葉を作る。

2. ねりきり生地から15g取りわけ、少量の水で溶いた色粉（赤）でピンク色に染める。さらに15g取りわけ、少量の水で溶いた色粉（青）で水色に染め、それぞれ3等分して丸めておく。

3. 残りの生地を白い生地のまま6等分して丸めておく。

4. ③の白いねりきり生地を平らに伸し、中心を小指の背で少しへこませてA、②の色のついたねりきり生地をのせ、回りをなじませるB。中あんをのせ包餡するC。

5. 乾いた布巾をかぶせ四方をぴんと張り、中心を串などでそっと押すD。

6. ①の蔓と葉をつける。

A　小指でへこませる

B　色の生地を重ねてなじませる

C　包餡する

D　乾いた布巾をピンと張って串でへこませる

*ねりきり生地の内側の色あんが、うっすらとすける方法です。
*蔓と葉がつきにくい時には、水飴でつけるといいでしょう。

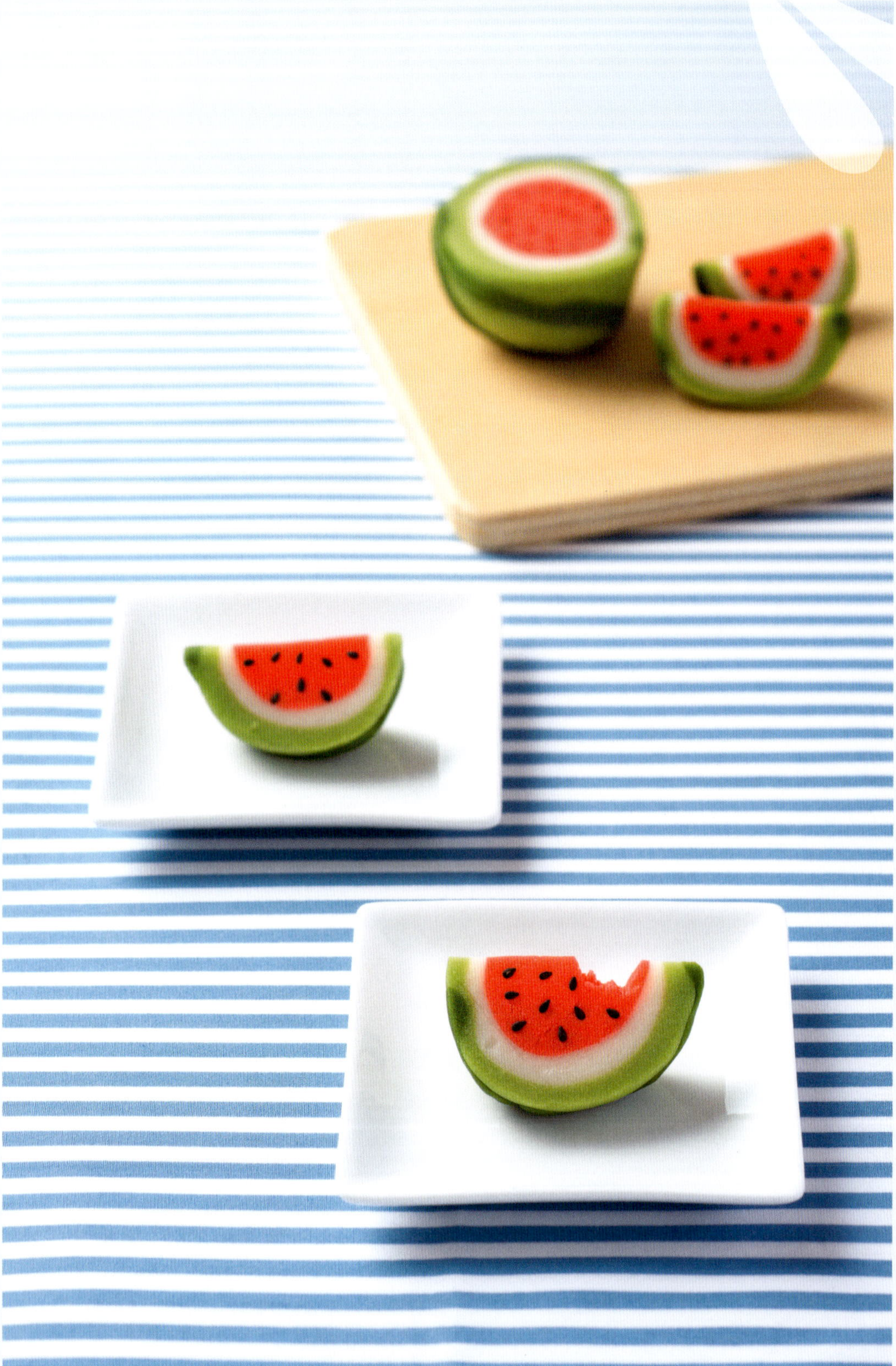

スイカ

夏の思い出は甘酸っぱく

材料　（1コ分）

ねりきり生地（約160g）
白あん	…150g
ぎゅうひ	…10g
水飴	…3g
抹茶	…少々

中あん
白あん	…50g
色粉（赤）	…少々
ドライフランボワーズ	…少々
黒ごま	…適量

準　備

- ねりきり生地を作る（55頁参照）。
- 中あん（白あん）は、電子レンジで加熱（約30秒）しよく混ぜて水分調節し、冷めたら少量の水で溶いた色粉（赤）で赤く染め、ドライフランボワーズを混ぜて丸めておく。
- 抹茶は少量の湯で溶かしておく。

作りかた

1. ねりきり生地から50gを取って丸めておく。
2. 残りを溶いた抹茶で緑色に染める。そのうち15gを更に濃い緑色に染めて、4本の紐状にする。残りは丸めておく。
3. 赤い中あんを①の白いねりきり生地で包餡し A、さらに②の抹茶で染めた生地で包餡する B。
4. ③に4本の濃い緑の紐状の生地を交差させてつける C、ぬれ布巾で静かに包んでしっかり紐をつける D。
5. 冷やし固めて8等分して、断面にスイカの種のように黒ごまをつける。

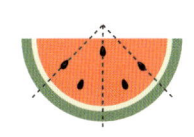

＊スイカらしく見せるには、黒ごまを中心に向かってつけると、よいでしょう。

A　赤い中あんを白いねりきり生地で包む

B　さらに緑のねりきり生地で包む

C　紐状の生地を交差させてつける

D　ぬれ布巾に包みしっかり押さえる

葉月
Hazuki

水輪

冷たさとさっぱり感を表現

36

材料 （6コ分）

ねりきり生地（約160g）
白あん　　　…150g
ぎゅうひ　　…10g
水飴　　　　…3g
色粉（青）　…少々
アラザン　…銀1㎜少々

中あん
白あん　　　…60g
レモンピール…3g

その他の材料
針金　…径2.5㎜×長さ45㎝

準　備

◇ ねりきり生地を作る(55頁参照)。

◇ 水輪用の押し型は、針金の端を丸ペンチで押さえ、平らな面に押しつけながらそこを中心にグルグル巻いて作る。

◇ 中あん(白あん)は、電子レンジで加熱（約40秒）しよく混ぜて水分調節し冷ます。ここに刻んだレモンピールをねり込み、6等分して丸めておく。

◇ 色粉は少量の水で溶かしておく。

作りかた

❶ ねりきり生地のうち1/3を溶いた色粉（青）で水色に染め、6等分する。残りの生地は、白いまま6等分する。

❷ それぞれ1つずつを重ね A、マーブル状になるようにざっくりと混ぜ B、包餡する。

A

B

2色の生地をマーブル状に混ぜあわす

❸ 少し上面を押さえて平らにし C、渦巻き状にした針金をそっと押して模様をつけ D、アラザンを飾る。

C

D

包餡したら押さえて平らにする

渦巻き模様をつける

＊青い色粉は、他の色粉にくらべ色が濃く出るので注意して下さい。

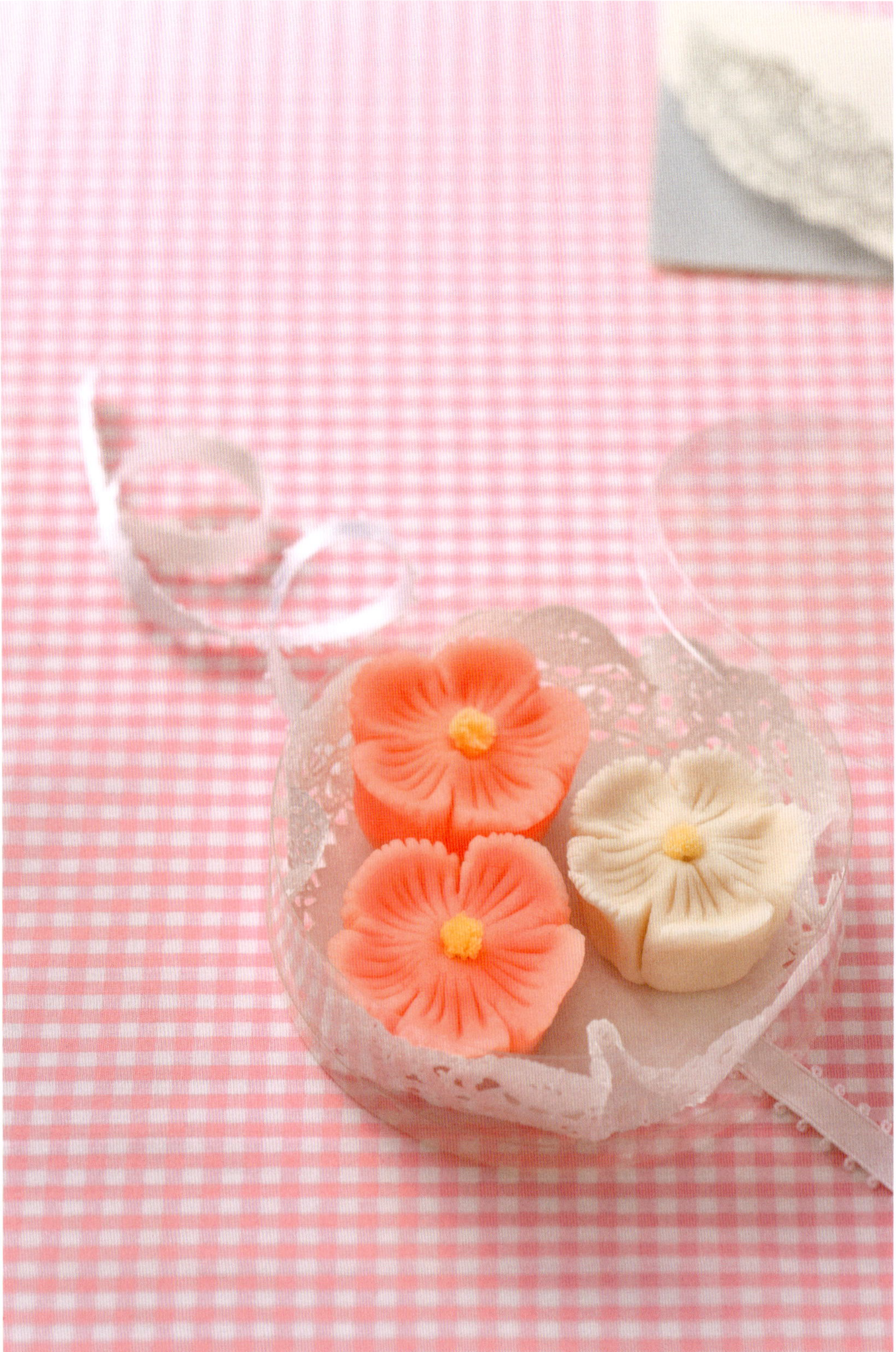

なでしこ

風にそよぐ、秋の花

IX September

材料 (6コ分)

ねりきり生地(約160g)
白あん …150g
ぎゅうひ …10g
水飴 …3g
色粉(赤・黄) …各少々

中あん
白あん …60g
ピーチ果汁 …小さじ1(5cc)

準　備

◇ ねりきり生地を作る(55頁参照)。

◇ 中あん(白あん)は、電子レンジで加熱(約50秒)しよく混ぜ水分調節し、冷ましてピーチ果汁を混ぜ、6等分して丸めておく。

◇ 色粉は、それぞれ少量の水で溶かしておく。

作りかた

❶ ねりきり生地から5gを取りわけ、溶いた色粉(黄)で黄色に染めて茶こしでこし、しべを作る(47頁A参照)。

❷ 残りの生地を2等分して、片方を少量の水で溶いた色粉(赤)でピンク色に染めて3等分して丸めて包餡する。残りの色染めしない生地も3等分して丸め、それぞれ包餡する。

❸ 上面を平らにし(37頁B参照)、ゴムべらを使って側面5か所に筋をつけ(31頁B参照)、花びらをととのえる。

❹ へらなどを使って、上面と側面に細かく筋をつけてゆく(31頁D参照)。

❺ ぬれ布巾をかぶせ、中心に菜箸でそっとへこみをつける。

❻ 花びらは端をつまんで仕上げA、中心にしべをのせる。

A

細かく筋をつけた後、花びらの端をつまんで仕上げる

長月
Nagatsuki

重陽の節句

長寿を願う菊をかたちに

材料（6コ分 各3コ分）

ねりきり生地（約160g）	色粉（黄・紫）…各少々
白あん　　　…150g	抹茶　　　　…少々
ぎゅうひ　　…10g	
水飴　　　　…3g	**中あん**
	こしあん　　…60g

準　備

◆ ねりきり生地を作る（55頁参照）。

◆ 中あん（こしあん）は、電子レンジで加熱（約40秒）しよく混ぜて水分調節し、冷めたら6等分して丸めておく。

◆ 色粉はそれぞれ少量の水で、抹茶は少量の湯で溶かしておく。

作りかた

❶ 葉っぱ用にねりきり生地から10g取りわけ、溶いた抹茶で緑色に染め、平らに伸して葉型で抜いて葉を6枚作る。
しべ用にねりきり生地から10g取りわけ、溶いた色粉で黄色に染め、6等分して丸める。親指と人さし指で少し押して楊枝の背で押してしべを作る。

❷ ねりきり生地からぼかし用に20g取りわけ、6等分して丸めておく。

勝り菊

生地の1/2を溶いた色粉（黄）で黄色に染め、3等分してそれぞれ中あんを包餡する。ここに②の白い生地を少し平らにしてのせてなじませて丸め、上面を少し押さえて平らにしてへらで周りに筋を5mm間隔で入れてかたちを作るA。さらに上面に菜箸の先で模様をつけB、最後に菜箸の頭（天）でへこみをつけてしべを飾り、葉を添える。

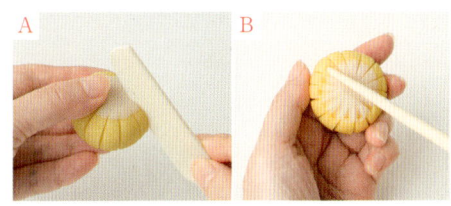

勝り菊は、側面はへらで、上部は菜箸で模様をつける

百世草（ももよぐさ）

残りの生地1/2を溶いた色粉（紫）で紫色に染め、3等分してそれぞれ包餡する。②の白い生地を少し平らにしてのせてなじませて丸め、上面を少し押さえて平らにする。へらを上下に動かしながら餡玉も回転させ、周りに模様を入れていくC。中心に菜箸の頭（天）でへこみをつけてしべを飾り、葉を添える。

百世草は、へらと餡玉をスムーズに動かして側面に模様をつける

42

ハローウィン

みんなを呼んで

October

材料（帽子・お化け 各3コ分）

ねりきり生地（約160g）	ココナッツパウダー …小さじ1（お化け用）
白あん …150g	黒ごま …6粒（お化け用）
ぎゅうひ …10g	黒ごまペースト …小さじ1（帽子用）
水飴 …3g	水飴 …小さじ½（帽子用）

（かぼちゃ 6コ分）

生地
白あん …70g
かぼちゃ …70g
水飴 …小さじ½
中あん
こしあん …60g

準 備

◇ ねりきり生地を作る（55頁参照）。

◇ かぼちゃの葉と蔓用にねりきり生地から15gを取りわけ、少量の湯で溶いた抹茶で緑色に染める。伸して（9頁B参照）、6枚の葉を葉型で抜き、残りの生地で6本の蔓とヘタを作っておく。

◇ かぼちゃの生地は、白あんを電子レンジで加熱（約1分）しよく混ぜ、水分調節する。かぼちゃは、ぬらしたキッチンペーパーに包んで電子レンジで加熱して柔らかくして裏ごしする。白あんとかぼちゃを合わせ、そこに水飴を加えてよく混ぜ合わせる。

◇ かぼちゃ用の中あん（こしあん）は電子レンジで加熱（約40秒）しよく混ぜ、水分調節し冷ます。6等分して丸めておく。

作りかた

お化けと帽子

❶ ねりきり生地を2等分する。

❷ 片方にココナッツパウダーを混ぜ3等分し、丸めてお化け形にととのえ、黒ごまで目をつける。

❸ もう片方の生地に黒ごまペーストと水飴を混ぜ、平らに5mmの厚さに伸し（9頁B参照）、直径6cmの円を3枚抜く。残りの生地で三角錐を3コ作り、丸く抜いた生地の上にのせて帽子のかたちにする。

かぼちゃ

❶ かぼちゃ用の生地から5gを取りわけ、帽子のリボン用に3等分して紐を作り、黒い帽子の周りにつける。

❷ 残りの生地を6等分して丸め、中あんを包餡してへらで周りに筋をつける。菜箸の頭（天）で目をつけ、へらなどで口を作る。

❸ ぬれ布巾をかぶせ箸などで中心をへこませヘタをのせ、蔓をつける。

神無月
Kannazuki

紅葉

燃えるような紅葉の彩を写して

材料 （6コ分）
ねりきり生地（約160g）
白あん　　　…150g
ぎゅうひ　　…10g
水飴　　　　…3g
色粉(赤・黄)　…各少々

中あん
こしあん　…60g

準　備
◆ ねりきり生地を作る(55頁参照)。
◆ 中あん(こしあん)は、電子レンジで加熱（約40秒）しよく混ぜて水分調節し、冷めたら6等分して丸めておく。
◆ 色粉はそれぞれ少量の水で溶かしておく。

作りかた
❶ ねりきり生地を2等分して片方は溶いた色粉（赤＋黄）でオレンジ色に染め、残りの生地は色粉で黄色く染めて、それぞれ6等分して丸めておく。

❷ オレンジと黄色の生地を重ね合わせ A 、色の境目をこするようになじませてぼかす B 。ぼかした面が外側にくるよう下にして包餡し、上面を少し平らに押さえる。

❸ ゴムべらを使って6か所に筋を入れ(31頁 B 参照)、指でもみじ葉のかたちにととのえる。葉脈をへらで表現し、側面にも細かなたて筋をつける。

A 色を重ねる

B 親指でこするように色をなじませる

*黄色とピンクなど、染めわけの色はお好みで組み合わせてみて下さい。
葉の切れ込み数で、変化を楽しめます。

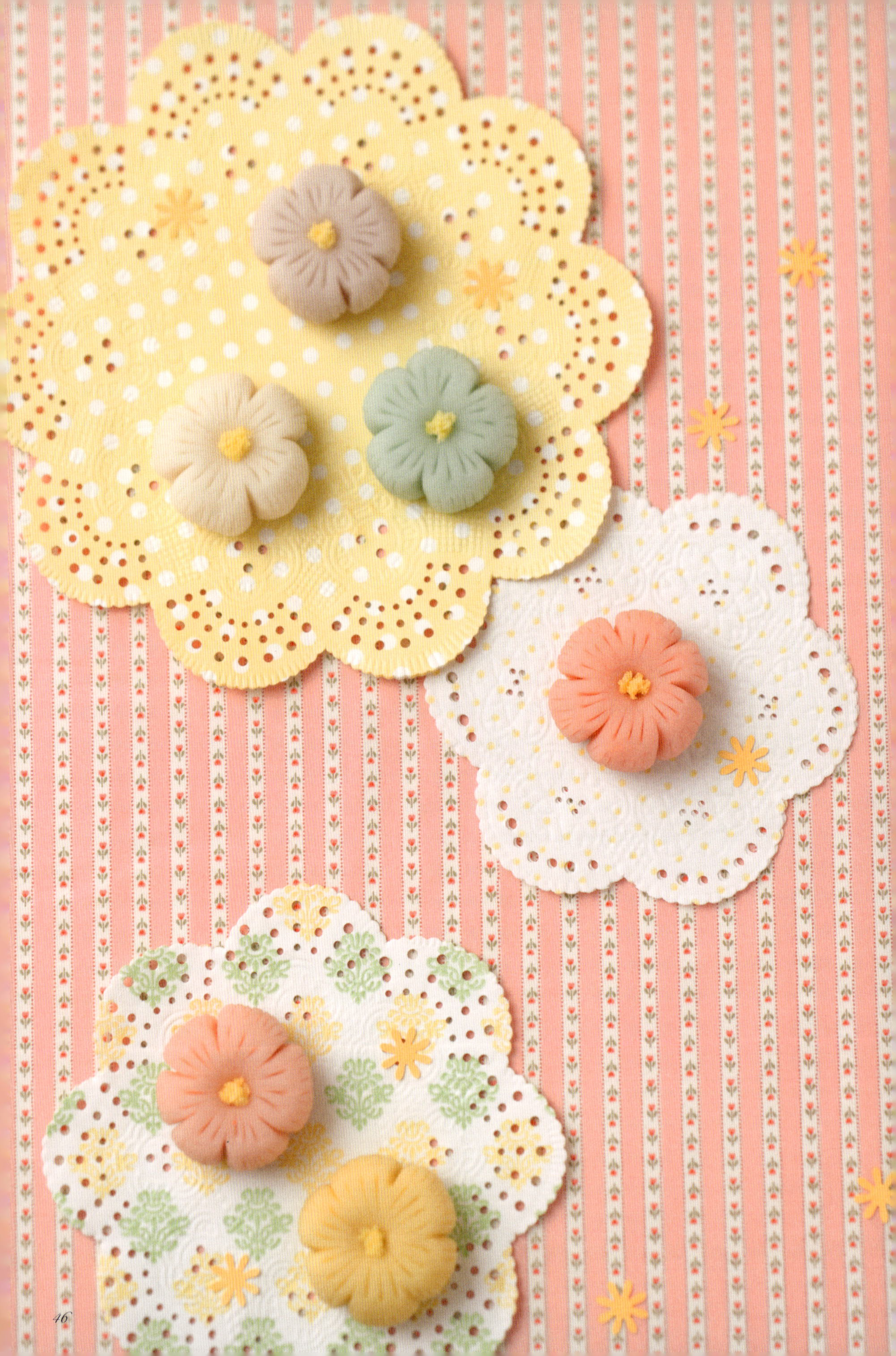

コスモス

季節の移ろいを感じて

XI November

材料 （6コ分）

ねりきり生地（約160g）
白あん　　　　　…150g
ぎゅうひ　　　　…10g
水飴　　　　　　…3g
色粉(赤・青・黄・紫)…各少々

中あん
こしあん　　　…60g
メープルシロップ　…小さじ1(5cc)

準 備

- ねりきり生地を作る（55頁参照）。
- 中あん（こしあん）は、電子レンジで加熱（約1分）しよく混ぜて水分調節する。冷めたらメープルシロップを入れてよく混ぜ、6等分して丸めておく。
- 色粉はそれぞれ少量の水で溶かしておく。

作りかた

1. ねりきり生地から5g取りわけ、少量の水で溶いた色粉（黄）で黄色に染めて茶こしでこし、しべを作るA。
2. 残りの生地を6等分して、それぞれ好みの色に染めて包餡する。染めないままのものがあってもよい。
3. 上面を平らにし、ゴムべらを使って6か所に筋を入れ指で押し（31頁B参照）、花びらをととのえ、へらなどを使って、側面、そして上面にも細かく筋をつけてゆく。
4. ぬれ布巾をかぶせ、中心に菜箸でそっとへこみをつけ、しべをのせる。

A

黄色いしべは茶こしでこす

霜月
Shimotuki

白椿と姫椿

愛らしい冬の花

材料 （6コ分）

ねりきり生地（約160g）
白あん　　　…150g
ぎゅうひ　　…10g
水飴　　　　…3g
ケシの実　　…少々
色粉(赤・黄)　…各少々
抹茶　　　　…少々

中あん
こしあん …60g

準　備

◇ ねりきり生地を作る(55頁参照)。

◇ 中あん(こしあん)は、電子レンジで加熱 (約40秒)しよく混ぜて水分調節する。冷めたら6等分して丸めておく。

◇ ねりきり生地を2等分しておく。

◇ 色粉はそれぞれ少量の水で、抹茶は少量の湯で溶かしておく。

作りかた

白椿 ●

❶ 半分にしたねりきり生地から10g取り、このうち5gをしべ用に黄色に染めて3等分して俵形にする。棒で中心を押して筒状にしてしべを作りⒶ、先にケシの実をつける。残りを抹茶で緑色に染めて3等分し葉用に俵形にし、両サイドを人差し指と親指でつまんで尖らせ(23頁Ⓐ参照)、へらで葉脈を描く。

❷ 残りの生地を3等分して中あんを包餡し、ぬれ布巾をかぶせ真ん中を菜箸で押し、へこみを作ってしべと葉をつける。

姫椿

❶ 残りのねりきり生地から10gを取りわけ、色粉 (赤)で赤に染めて9本の紐を作る。残りの生地から6gの生地を黄色に染めて茶こしでこし、しべを作る(47頁Ⓐ参照)。さらに、6gを取りわけ、少量のお湯で溶いた抹茶で染めて、3枚の葉を作る。

❷ 残りの生地を3等分して包餡し、赤く染めた紐を3本ずつ包餡した生地につけてⒷ茶巾絞りにする。絞った布の芯を中心に少し押し当てるⒸ。

❸ へこみにしべを飾り、葉を飾る。

A
白椿の筒状のしべを作る

B 
紐つけをする

C  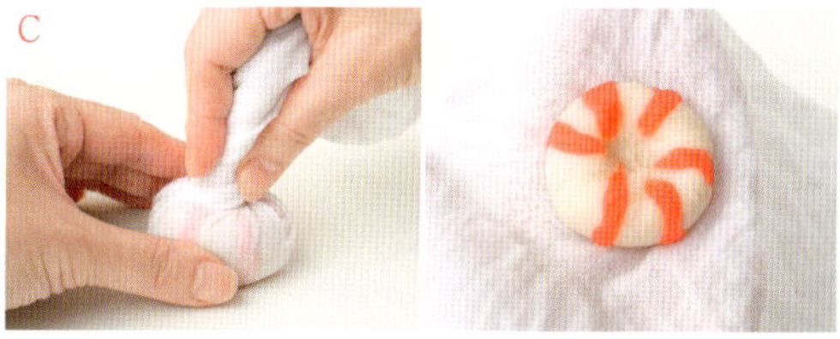
茶巾絞りをして布の芯を押し当てる

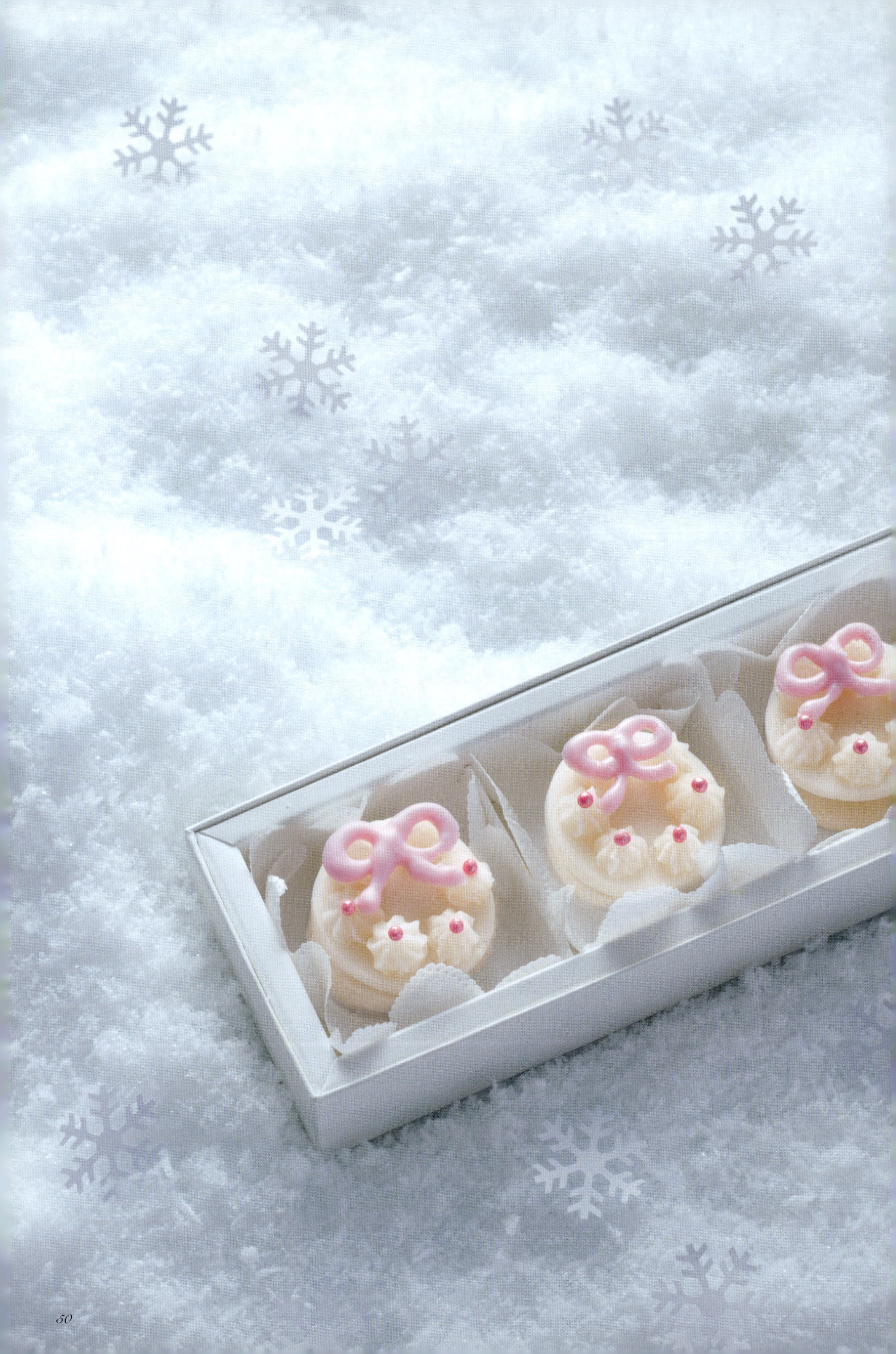

クリスマス

聖夜の静けさホワイトリース

XII December

材料（6コ分）

ねりきり生地（約160g）
- 白あん …150g
- ぎゅうひ …10g
- 水飴 …3g
- アラザン（好みの色）…少々
- チョコペン（好みの色）…1本

中あん
- 白あん …60g
- オレンジピール …少々
- オレンジキュラソー …5cc

準備

◇ ねりきり生地を作る（55頁参照）。

◇ オレンジピールは、2mm角（24コ）に刻んでおく。

◇ 中あん（白あん）にオレンジキュラソーを入れて混ぜ、香りと柔らかさを加えて絞り出し袋に入れておく。

◇ チョコペンを温め、オーブンペーパーにリボンのかたちに絞り出して冷蔵庫で冷やし固めておく。

作りかた

❶ ねりきり生地を3mmの厚さに伸ばし、抜き型（直径約4cm）で12枚抜く。

❷ 6枚を並べて生地の上に中あんを絞り出し A 、オレンジピールを4コずつのせる。その上に丸く抜いた生地を重ねて中あんを絞り、アラザンとチョコリボンを飾る。

A
クリームの絞り袋にあんを入れて絞り出す

＊抜き型がない場合、直径が同じくらいのコップなどで代用します。
＊オレンジピールはお好みの量をのせるといいでしょう。
＊オレンジキュラソーの量は、あんに混ぜて絞り出せるぐらいの柔らかさを目安に。

師走
Shiwasu

寒牡丹

冬の寒さに負けない鮮やかさ

材料（6コ分）

ねりきり生地（約160g）
白あん　　　…150g
ぎゅうひ　　…10g
水飴　　　　…3g
色粉（赤・黄）…各少々

中あん
こしあん　　…60g

準　備

◇ ねりきり生地を作る(55頁参照)。

◇ 中あん（こしあん）は、電子レンジで加熱（約40秒）しよく混ぜて水分調節する。冷めたら6等分して丸めておく。

◇ 色粉はそれぞれ少量の水で溶いておく。

作りかた

❶ ねりきり生地から20gを取りわけ、色粉（黄）で黄色に染めて茶こしでこし、しべを作る（47頁A参照）。

❷ 残りのねりきり生地から⅔を取りわけ、色粉（赤）で赤く染めて6等分して丸める。

❸ 残りのねりきり生地を白いまま6等分して丸めておく。

❹ 赤い生地で白い生地を包餡する。

❺ ④で中あんを包餡し、卵で押さえて軽くへこみを作るA。指で薄く縁を伸ばしたらB、ぬれ布巾で包んで布巾の筋をそっと周りにつけるC。

❻ 中心に、黄色のしべを入れ、周りにへらなどで線模様をつける。

A

卵でへこみを作る

B

指で縁を伸ばす

C

ぬれ布巾に包んで逆さにして軽く花先がすぼまるように成形する

🌸 ねりきり和菓子の基本

あんの火取り

火取りとは、あんを加熱して水分調節することをいいます。
ねりきり生地を作る時、中あんを準備する時に必要な作業です。
買ってきたあんは、どれも水分量が違うので、
菓子に応じて自分で作業しやすいかたさにします。

電子レンジに入れる前の状態。ゴムべらで山切りする
水分を飛ばすため、ゴムべらで表面積が広くなるように切り込みを入れ、山切りにする。水分を飛ばすためなので、フタやラップはしない。

加熱したらよく混ぜて全体に水分調整する
電子レンジにかけ、指定の加熱時間に関わらず、「パチパチ」と音がしたらむら焼けにしないために取り出してしっかりかき混ぜ、また残りの時間を続ける。

蒸気がある程度収まるまで待ち、様子を見てたらないようであればさらに加熱する。様子を見ずに途中で電子レンジの時間を足すと、水分を飛ばしすぎることもあるので注意が必要。

包餡 （あんを生地で包むことを包餡といいます）
ほうあん

❶ 包餡は、生地玉を手のひらにのせて徐々にたたいて丸くのばし、中あんを中心におく。
❷ 生地を回転するうちに中あんがくるまっていく。
❸ 両手の指で生地のフチを回転させていくと、さらに中あんが包まれていく。
　最後はつまむようにしてあんを包む。

ねりきり生地と中あんの大きさは、このくらいが包みやすい

生地を回転させながら、中あんをくるむ

指先を順に動かし、さらに包み込んでいく。最後はつまむようにしてとじる

ねりきり生地の作り方

基本の材料

ぎゅうひ（出来上がり70g）
白玉粉 …20g
水 …40cc
上白糖 …40g
片栗粉 …少々（手粉用）

ねりきり生地
白あん …150g
ぎゅうひ …10g
水飴 …3g

ぎゅうひを作る

❶ ボウルに白玉粉と水を少しずつ入れて一度耳たぶくらいになるようよくねり、残りの水を入れて溶かし、上白糖を加えて混ぜる。

❷ フタをして電子レンジで加熱（約1分）してしっかりかき混ぜ、さらに加熱（約30秒）して透明感が出て、ひきが出るまでしっかりかき混ぜる。

❸ 片栗粉を敷いたバットに取り出し、手粉をしてねりきりの生地用として10gを計る。

＊残ったぎゅうひは、10gずつ小分けにして冷凍しておくと、解凍してすぐ次に利用できます。

ぎゅうひは、これくらいのねばり加減になったらOK

ねりきり生地を作る

❶ 白あんを木べらで山切りしてフタをせずに電子レンジで加熱（約2分）してかき混ぜ、水分の様子を見ながらさらに加熱（1～2分）する。べたつかないようになるまで、加熱と混ぜ込みを繰り返して白あんの水分をとばす。

❷ ぎゅうひを加えてよくねり、粘土状になってまとまってきたら乾燥止めのため水飴を加えてねり込む。

白あんを山切りにして電子レンジで加熱する

加熱して水分調整した白あんにぎゅうひを加える

ぎゅうひが生地になじんで粘土状になるまでよくねり込む

仕上がりはこれくらい

🌸 ねりきり和菓子の基本

生地を色染めする

ねりきり生地の色を染めるには、色粉と抹茶（緑色）を使います。色粉には赤・青・黄が基本でこの三色を組み合わせて色を出しますが、紫色は紫の色粉の方がきれいです。緑色に染めるには緑の色粉もありますが色が生々しくなるので、私は落ちついた色と風味もよく身体にもいい抹茶を使っています。

❶ 少量を水で溶かして準備する 
❷ 生地に溶かした色粉をつける 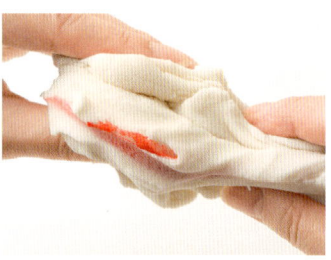
❸ もむようにねり込んでいく

❹ 量が多い時には、スクレパーを使うと便利
❺ 出来上がり 

濃い色に染めるには何度もこの作業を繰り返します。抹茶で緑に染める場合は、湯で抹茶を溶いてから使います。染め方は同じです。抹茶は、色染めにたくさん使うわけではないので、飲んでもおいしいものを準備して菓子作りに使うだけでなく、お抹茶を点てていただくといいでしょう。

布使いいろいろ

和菓子の成形にはいろいろあり、中でも布を使う表現がたくさんあります。水でぬらしてかたく絞った布により、さまざまなことができます。

A 素材をくるんで口を絞って茶巾絞り
茶巾絞りの花（16頁）・菖蒲（24頁）・姫椿（48頁）

B 生地をくるんで、上からへらをあてて成形する
バレンタイン（10頁）

C 生地をくるんで、生地をなじませる
スイカ（34頁）・姫椿（48頁）

D 生地にかぶせて、上から指でかたちをととのえる
鶯（12頁）・寒牡丹（52頁）

E 上からあてて竹串（箸）をさしてへこませる
いろいろな花のしべ作り、いちご（14頁）・かぼちゃ（42頁）

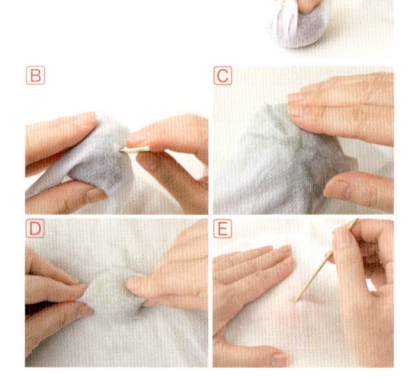

基本のかたち

包餡したあと、成形に入る前に仕上がりに応じてかたちを作ります。
他にも仕上がりのかたちに応じて、三角形やいちご形にととのえたり、
中あんを包まずに、伸して丸めたり包んだりもします。

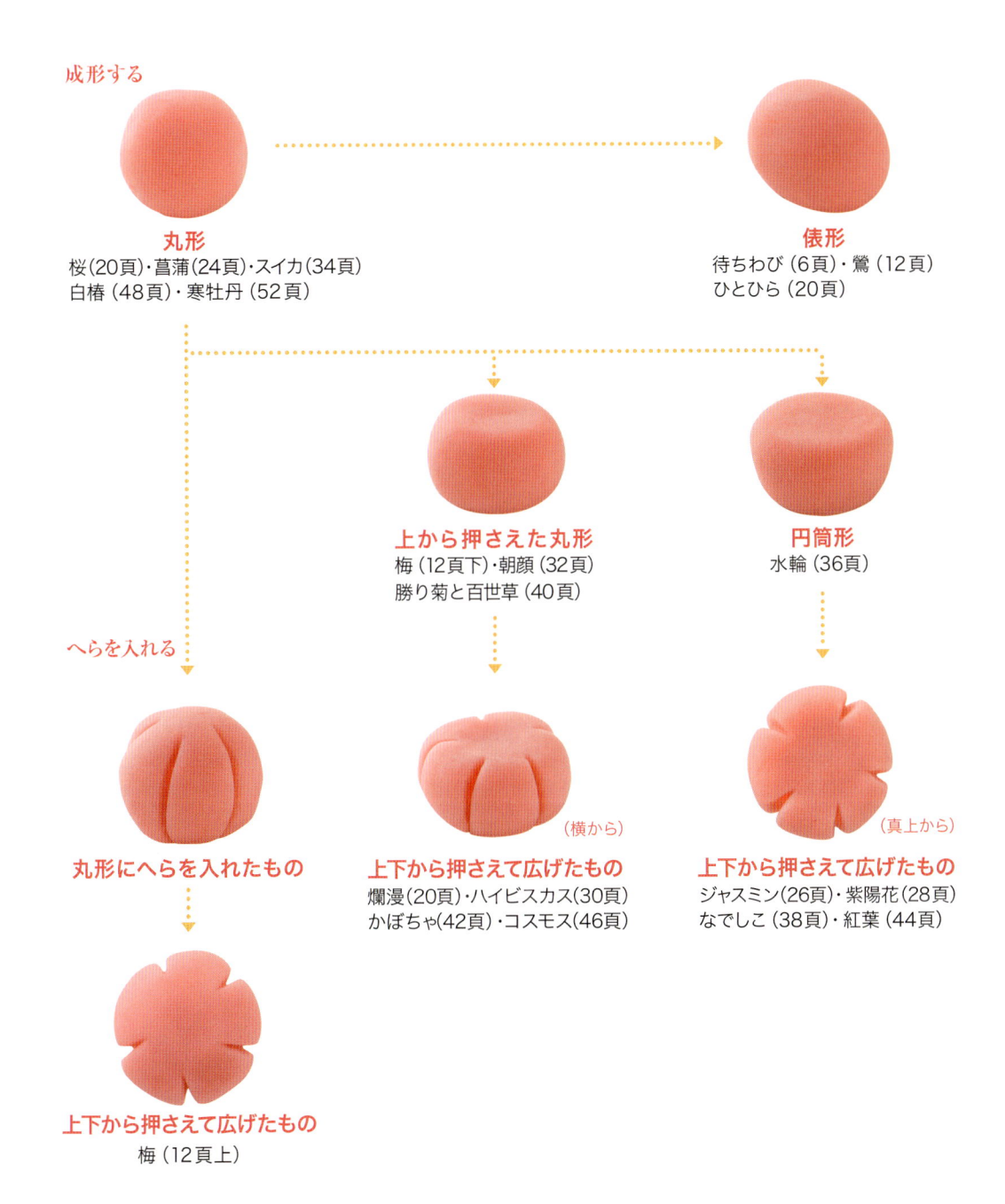

成形する

丸形
桜(20頁)・菖蒲(24頁)・スイカ(34頁)
白椿(48頁)・寒牡丹(52頁)

俵形
待ちわび(6頁)・鶯(12頁)
ひとひら(20頁)

上から押さえた丸形
梅(12頁下)・朝顔(32頁)
勝り菊と百世草(40頁)

円筒形
水輪(36頁)

へらを入れる

丸形にへらを入れたもの

上下から押さえて広げたもの（横から）
爛漫(20頁)・ハイビスカス(30頁)
かぼちゃ(42頁)・コスモス(46頁)

上下から押さえて広げたもの（真上から）
ジャスミン(26頁)・紫陽花(28頁)
なでしこ(38頁)・紅葉(44頁)

上下から押さえて広げたもの
梅(12頁上)

材料

ねりきり和菓子の生地の材料は、白あん＋白玉粉＋水飴の3種です。これで作った生地に色をつけて中あんをくるんで成形します。中あんも果汁で香りをつけたりドライフルーツやジャムを加えて食感をかえてさまざまにアレンジすると、和でも洋でも楽しめるスイーツが出来上がります。あなたのアイデア次第で広がる和菓子なのです。

ねりきり生地の材料

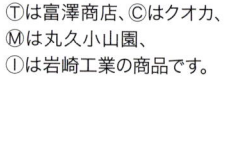

Ⓣは富澤商店、Ⓒはクオカ、
Ⓜは丸久小山園、
Ⓘは岩崎工業の商品です。

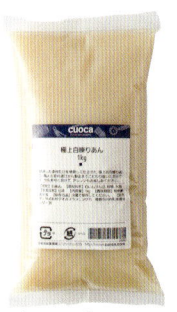

白あんⒸ 　　白玉粉Ⓣ 　　水あめⒸ

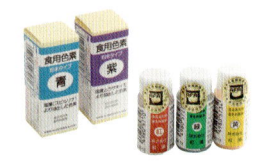

色粉Ⓒ 　　抹茶Ⓜ 　　ココアⓉ 　　紫芋フレークⓉ

中あんの材料

こしあんⒸ 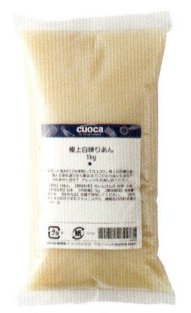　　白あんⒸ 　　ローズシロップⓉ　　ノンアルコール濃縮エキス・ピーチⒸ

ドライフランボワーズⓉ 　　レモンピールⓉ 　　グレープフルーツジャムⓉ

道具

ねりきり和菓子の道具はいたってシンプル。生地や中あんを処理するための電子レンジ対応可能なボウル、かきまぜるための木べらやゴムべら、あとは成形するための細工用のへらや布だけ。ご家庭にあるもので、すぐに始められますよ。

生地作りの道具

ゴムべら ⓣ

木べら

生地作りの道具
ボウル大小（径15㎝、13㎝）
電子レンジ対応のフタつき耐熱樹脂のボウル。
耐熱ガラス製でも可 ⓘ

電子レンジ
機種に応じて電力量や熱の加わり方が違うので
機種のクセを把握して使いこなしましょう
なので、レシピの時間は、あくまでも目安と思ってください

へら類
ゴムべらはあんの山切りなどで使用、
木べらは重い生地になった時、加熱
した生地を混ぜる際に使用します

成形の道具

粘土へら

和菓子についてくるナイフ

消毒用ハンドスプレー ⓣ
じかに手で材料を扱うので、
清潔に消毒してから始め
ましょう

布
綿やさらしや手ぬぐい、ハンカ
チなど。水分調整や茶巾絞りに
使います

へら
和菓子専用のへらもありますが、
粘土細工用のへらも使いやすいです。
また羊羹などについてくるナイフも
残しておいて使うといいでしょう

茶こし
黄色の細かい花のしべを作る
時に使います
少量のきんとんや、細かいきん
とんを作る時にも便利です

菜箸・楊枝・竹串
成形時に布をあててへこませたり、
生地に顔を作ったり装飾を施す際
に使います

かわいいお気に入りの和小物

季節の和菓子を作り始めると、日頃何気なく通っていた道の花も、どんなかたちだったかしらと気になりだします。また、おいしいお茶をいれたくなったり、和の文化や物にもどんどん興味が広がってゆきます。すると生活もどんどん楽しくなり、興味は無限大に～。一つのきっかけから、水輪のように広がる楽しさ。ここでは、あると便利で楽しい小物を紹介しています。あなたも、お気に入りの和小物で生活を楽しんでみませんか。

懐紙（かいし）
お茶席に入る時やお菓子をお出しする時、お菓子にあう菓子器がない時にもお皿代りにしたり、ポチ袋や一筆箋の代用としても活躍します。日本は、四季がありますから、折々を写した素敵な柄やモダンなものが沢山あります。

楊枝（ようじ）
和菓子をいただく楊枝にも、凝りたいですねぇ。一番オーソドックスな黒文字は、樹皮の香りがよい黒文字という木を使います。その他、銀製やステンレス製、水牛の角でできたものもあります。

手ぬぐい
綿製の手ぬぐいは、お菓子を包んで成形する時をはじめ何にでも使える、お菓子作りのすぐれもの。しかも乾きが早く、肌触りもとってもいいんですよ。何十年も使っていると、キッチンのお馴染みさんになるんです。いろんな柄も楽しくなります。（かまわぬ）

お皿
和菓子をお出しするカラフル小皿（長崎波佐見焼馬場商店）。シンプルな色やかたちのものが和菓子を引き立たせます。サイズの小さい洋皿や醤油皿、なんでもかまいません。

一筆箋
この一筆箋は、古いお菓子のデザイン帳から、取った絵柄なんですって。和菓子って素晴らしいと思いませんか？
何百年も前から、こんなにいろんなお菓子が考えられていたのです。（とらや）

こちらはお茶のお道具柄。お抹茶を入れる茶入をポイントにした一筆箋です。（淡交社）

切手
お手紙を出す時には、切手にも、気遣いを…。気に入ったデザインが販売された時に買っておきます。

ふきん
綿の蚊帳生地のふきんは、とても使いやすく、吸水性もよくすぐに乾くので衛生的。また、季節に合わせた柄でキッチンも楽しくさせてくれるアイテム。（中川政七商店）

お茶碗
抹茶茶碗にこだわらず、家にあるカフェオレボウルや気に入った作家さんのものなど、やわらかい発想で楽しみましょう。

風呂敷
風呂敷も日本ならではのすばらしい、ラッピング材。どんな形の物でも包めてしまう。ハレとケ、包み方にも意味合いが込められているのですよ。
（風呂敷専門店 むす美）

カラー鉄瓶
日本の手作りの素晴らしさを海外の人が認めてくれた色も鮮やかなものがあり、遊び心もいっぱい。

笑顔が見たくて

　さてさて、ねりきり作りに慣れてきたら次はお友だちにお披露目しましょう。自分で作ったお菓子とおいしいお茶をお出しする、こんな素敵なおもてなしはありません。できればお抹茶(まっちゃ)を目の前で点(た)てて差し上げれば最高のサプライズ。女子力(男子力?!)アップ請け合いです。
　茶筅(ちゃせん)とお抹茶さえあれば、カフェオレボウルでも、小ぶりのどんぶり鉢でもいいんです。お抹茶を軽くティースプーン1杯入れてお湯を注ぎ、シャカシャカと茶筅をふればいいんです。たまには、ゆっくりお抹茶を点てるのも心が落ち着いてよいものです。でも、ここで紹介した和菓子は、お抹茶や日本茶だけでなく紅茶や珈琲にも合いますから、まずは、お友だちをお招きすることから、おもてなしをすることから始めてみませんか。

鳥居　満智栄

材料のこと、道具のこと
身近な材料で作れるねりきり和菓子

　ねりきり和菓子作りには、あんとぎゅうひの材料の白玉粉、生地を染めるための色粉と抹茶、これだけあればシンプルなねりきり和菓子を作ることができるのです。

　あとは、中あんをアレンジするためのものや、仕上げにデコレーションするための洋菓子に使うアラザンなどの材料があればOKです。思い立ったらすぐ始めてみましょう。道具類も特別なものは必要ありません。ボウルや木べら、秤に計量カップやスプーンなど、普段お使いのもので大丈夫。ただし電子レンジでの調理が多いので、ボウルは電子レンジ対応のものを準備してください。フタをして調理することもあるので、できればフタつきのボウルがベストです。なければラップをかけてくださいね。

　材料のあんや粉類はお近くのお店で基本的には入手できると思いますが、材料や道具を扱う専門店を利用すると一度にすべてそろえることができます。

材料・道具を手に入れるために
ご協力いただいた富澤商店さんとクオカさんはそれぞれに厳選されたさまざまな材料を提供されています。オンラインショップをご覧になれば楽しくて仕方がないくらいに品揃えが豊富ですよ。

株式会社富澤商店
製菓・製パン材料や和食材をはじめ、スパイスや調理器具にいたるまでの幅広い品揃えが豊富な和菓子店・洋菓子店・ベーカリー、料理・菓子研究家にも愛好者の多いプロご用達のお店。都内・名古屋・京都・大阪ほかに直営店を展開。オンラインショップも4,000点以上の品揃えで充実しています。
http://www.tomizawa.co.jp

『cuoca(クオカ)』
「もっとおいしく、もっとたのしく」をモットーに、日本初のお菓子作り・パン作りの材料と道具の専門店。都内3店舗、高松1店舗を構えるほか、オンラインショップが充実しており、地方にいても欲しい材料や道具を手に入れることができます。
http://www.cuoca.com

撮影協力
有限会社アンシャンテ・ジャポン(鉄瓶、6・10頁)／一品更屋(茶碗、2頁)／THE COVER NIPPON(急須、22頁)／株式会社かまわぬ(てぬぐい)／風呂敷専門店 むす美(風呂敷)／株式会社虎屋(一筆箋)／株式会社中川政七商店(麻布、ふきん)／長崎 波佐見焼 馬場商店(カラフルな小皿)／林 久美子(茶碗、62頁)／株式会社淡交社(一筆箋)

材料提供
株式会社富澤商店(製菓材料・道具類)／『cuoca(クオカ)』(製菓材料・道具類)／株式会社丸久小山園(抹茶)

30年近く前に、クッキーの世界（クッキーで描く立体イラスト）デコクッキーをスタート。その頃から、和菓子の表現の素晴らしさにも興味をもちながらもクッキーの世界に没頭。2005年頃から、ずっと気にかけていた和菓子の世界に少しずつ踏み込みはじめ、そしてあまりの楽しさに、人にも伝えたいと言う気持ちが強くなり、和菓子の活動も開始する。
洋菓子を楽しむように、和菓子もお家で楽しんでいただきたいと思い、「アンネルネ マチエル」を主宰し、自宅で創作和菓子教室を開催。和と洋の要素を取り入れ、かわいく、アイデアにとみ、デザインセンスもよいと、老舗和菓子屋とのコラボ創作和菓子も評判に。和菓子店、お店のデザート等企画、企業イベント等の和菓子教室、和菓子制作、広告等の撮影用和菓子制作など、広く活動の和を広げてゆきたいと活動中。2009〜2013年、ジェイコム東京「すてきにダイニング」季節を感じる和菓子ＴＶ出演。著書に『恋する和菓子』（じゃこめてい出版）、『電子レンジで手軽に簡単！おうちで作る和菓子レシピ12か月』（淡交社）などがある。

H　P　http://members3.jcom.home.ne.jp/cookie.dream/anerner/
ブログ　http://annerner.exblog.jp/

創作和菓子研究家
鳥居 満智栄 とりい まちえ

電子レンジで簡単！
季節を遊ぶ ねりきり和菓子
2013年5月8日　初版発行

著　　者　　鳥居満智栄
発　行　者　　納屋　嘉人
発　行　所　　株式会社 淡交社
　　　　　　本社　〒603-8588 京都市北区堀川通鞍馬口上ル
　　　　　　　　　電話（営業）075-432-5151
　　　　　　　　　　　（編集）075-432-5161
　　　　　　支社　〒162-0061 東京都新宿区市谷柳町39-1
　　　　　　　　　電話（営業）03-5269-7941
　　　　　　　　　　　（編集）03-5269-1691
　　　　　　http://www.tankosha.co.jp

印刷・製本　　図書印刷株式会社

©2013　鳥居満智栄　Printed in Japan
ISBN978-4-473-03872-2
落丁・乱丁本がございましたら、小社「出版営業部」宛にお送りください。
送料小社負担にてお取り替えいたします。
本書の無断複写は、著作権法上での例外を除き、禁じられています。